熊本県営業部長
兼しあわせ部長

くまモンの出張 Fan Book

マイナビ

はじめに

くまモンは、熊本の魅力をPRするキャラクターとして生まれました。
黒一色のボディ、見開いた目に赤いほっぺというシンプルな顔立ち。
しゃべらないけど、なにを考えているのか、
なんとなくみんなわかってしまいます。
思い立ったらピューンと走り出す行動力。
なんでも気になる旺盛な好奇心。
少しやんちゃでイタズラ好き。
そして熊本をとっても愛しています。

そんなくまモンに、多くの人が夢中になっています。
熊本のみなさん、日本中のみなさん、世界中のみなさんがくまモンの魅力に夢中です。
みなさんが「くまモンが大好き！」「くまモンに会いたい！」「くまモンの故郷の熊本をもっと知りたい！」と思ってくれたおかげで、くまモンは日本中、世界中へと出張し、熊本のPRをすることができました。

くまモンの活動は、インターネットにアクセスし、公式ツイッターやオフィシャルブログで見ることができます。でも、全国に出かけた思い出の写真を、ぜひ１冊の本にまとめたいと思いました。

雪の日の冷たい白い息、焼けつくような陽射し、ずぶぬれの雨の日、動きにくかった強い風。

そんな中で出迎えてくれた地元のみなさんやご当地キャラさん、会いに来てくれた人たちの笑顔と声が、ページをめくると伝わってくる本になるよう、編集してみました。

この本は、くまモンが距離や時間をいとわず、「くまもとサプライズ」と元気を届けに日本各地や世界各国をまわった活動の記録です。熊本県で、日本中で、世界中で、くまモンに笑顔と元気をギブしてくださった、みなさんの記録です。

この本を手にとってくれた、多くの方たちにも、たくさんの笑顔があふれますように。

2014年夏
『くまモンの出張Fan Book』編集部

熊本県の「営業部長」で「しあわせ部長」
それがくまモン。

PROFILE

誕生日	3月12日（九州新幹線全線開業の日）	出身	熊本県
性別	男の子	年齢	ヒミツ
性格	やんちゃで好奇心がいっぱい		
得意なこと	くまモン体操 サプライズを見つけて広げること		
仕事	熊本県営業部長、しあわせ部長（兼任） くまもとサプライズを広めることで 大好きな熊本の魅力をみんなに伝えるモン！ 県民のしあわせ作りにも力を入れてるモン！ だれかをハッピーにしたいという想いがあるところ、 それがボクのいる場所だモン！		

くまモンの全国出張!
ほかの地域に行ったわけ

2011年3月の九州新幹線全線開業をきっかけとして誕生したくまモン。
くまモンの仕事は熊本の魅力を全国の人たちに知ってもらうことです。
「おいしいものや素晴らしい大自然がいっぱいの熊本に、皆さんにぜひ来てほしいモン」とくまモンは思っています。
でも、遠くてなかなか熊本に来られない人、離れていて熊本のことをよく知らない人が全国にはまだたくさんいるかもしれません。

そこで……、

くまモンはそんな皆さんのところに出かけていって、熊本の魅力を直接お伝えすることにしました。くまモンに会った人、くまモン体操を踊った人、熊本のうまかもんを食べた人は、熊本のことが大好きになってしまうでしょう。

くまモンに会うとみんな、なぜだか元気になって笑顔になるから不思議です。疲れている人、かなしい気分の人に熊本から元気を届け、ハッピーになってもらうのもくまモンの大事な仕事です。

また、くまモンが各地域でご当地キャラさんと交流したり、一緒に盛り上がると、注目度も上がり、各地にたくさんの人が集まるようになりました。

この本では、こうした「熊本PR」「くまもとから元気をプロジェクト!※」などで、くまモンが全国に出張した記録を、都道府県ごとに写真で紹介しています。

これからも、熊本県の皆さん、日本中の皆さん、世界中の皆さんに、くまモンはどんどん会いに行くことでしょう。魅力いっぱいの熊本とくまモンのことを、これからもどうぞよろしくお願いいたします。

※「くまもとから元気をプロジェクト!」
くまモンが全国各地を訪問し、各地に元気を届け、地域間の交流を進めるプロジェクトのこと。

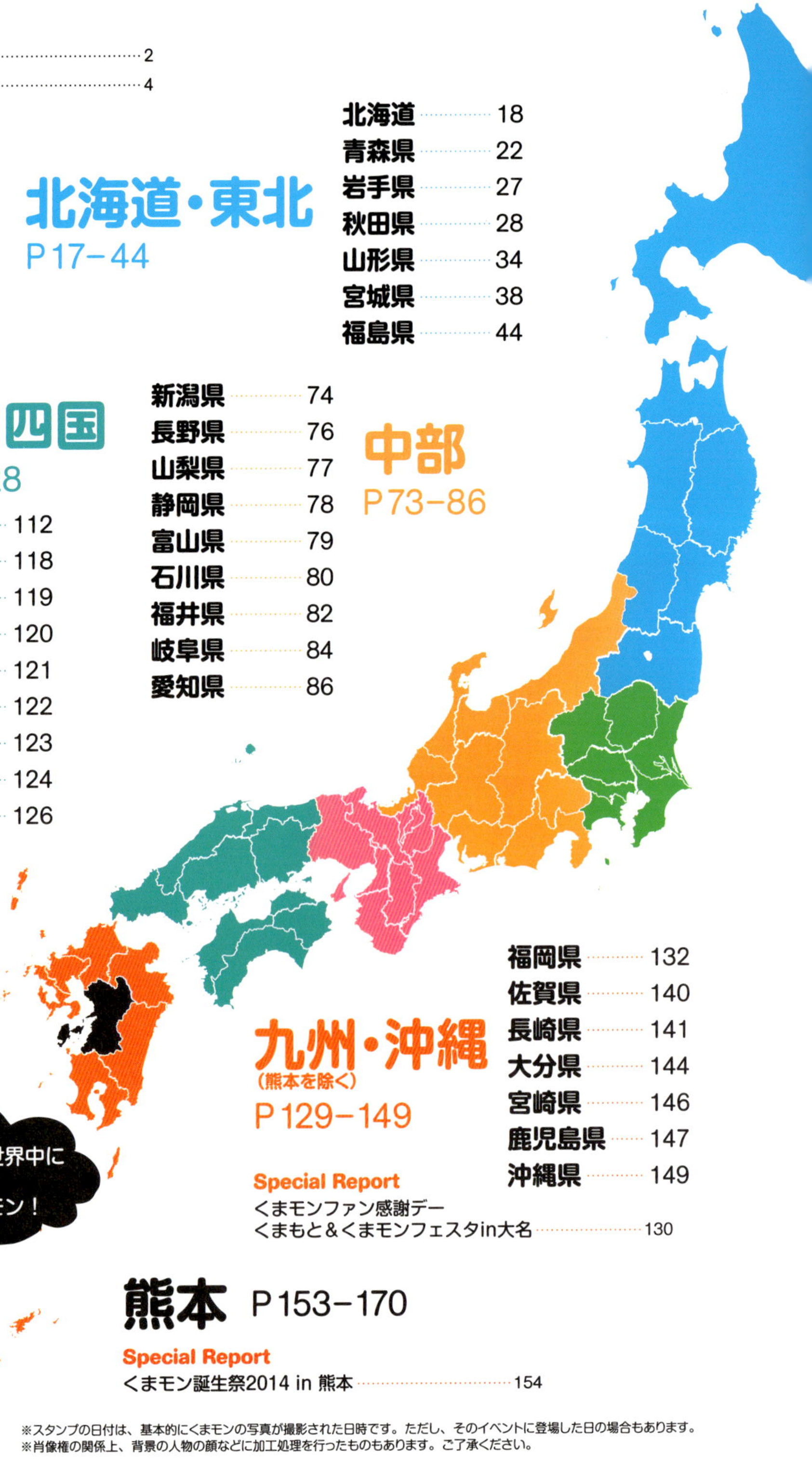

北海道・東北
P17–44

中部
P73–86

中国・四国
P111–128

九州・沖縄
（熊本を除く）
P129–149

Special Report

熊本 P153–170

Special Report

※スタンプの日付は、基本的にくまモンの写真が撮影された日時です。ただし、そのイベントに登場した日の場合もあります。
※肖像権の関係上、背景の人物の顔などに加工処理を行ったものもあります。ご了承ください。

海外

P171－178

関東

P45－72

Special Report

関西

P87－110

Special Report

P8～16の写真

P8
ブルーインパルスを見るくまモン（宮城県）

P10
鹿児島志學館大学のみなさんと「く」のポーズ（鹿児島県）

P12
写真上　スキー場のオープンを祝って鏡開き（新潟県）
写真下　人力車に乗るくまモン（大分県日田市）

P13
写真上　土佐の浜で坂本龍馬くんとくまモン（高知県高知市）
写真下　第28回箕面まつりでの東日本大震災復興支援イベントステージ　左からいしきりん、さくやちゃん、滝ノ道ゆずる、レルヒさん、くまモン（大阪府箕面市）

P14
写真上　バリィさんと遊ぶくまモン（高知県高知市）
写真下　沖縄そばづくりに挑戦（沖縄県沖縄市）

P15
写真上　クリスマスのステージで（千葉県木更津市）
写真下　メガネがお気に入りのくまモン（福井県鯖江市）

P16
写真上　くまモンファン感謝祭 in TOKYO（東京都千代田区）
写真下　小山薫堂さんと東北芸術工科大学デザイン工学部企画構想学科の学生さんたち（山形県山形市）

もと
ライズ

登録 商標
八海山
八海
醸造

東日本大震災復興支援スローガン「絆 ―心ひとつに頑張ろう―」
で愛、ふれ愛、笑顔をつくる みんなのまつ

中央公園・土佐のおきゃく広場＆
2日(土)
土佐のおきゃく広場
酔って候 ドリンクラリーはしご酒 前売券販
ご当地グルメ屋台村
春の元気市〜高知のうまいもん大集合〜
振舞酒があります
(ゲスト)中西圭三、竹内藍
9日(土)
土佐のおきゃく広場
10:00〜15:00 高知東海岸
10:00〜21:00
10:00〜21:00 春の豊
10:00〜21:30 日本
10:00〜13:00
の大おきゃく
OBIBURA
うまいもん

見学終了。

JBL

ドリン
お一人様 一本¥100
welcome to
くまモン
カフェ

北海道
東北

くまモンは熊本から遠い北海道や東北を訪問しました。訪問したなかでいちばん北は、紋別市です※。また、「くまもとから元気をプロジェクト！」で大震災の被害を受けた東北地方の街に元気を届けに訪れました。

※2014年7月31日現在

北海道
HOKKAIDO

熊本から遠い北海道。初めて訪れたときは、雪がめずらしくて大興奮したくまモン。広い北海道、これからもあちこちに元気を届けに行きます。

大空町
2013.6.2

網走郡大空町の「芝桜まつり」を訪問！

東藻琴芝桜公園で開催中の「第30回　芝桜まつり」にお呼ばれしたくまモン。大空町の友好都市、熊本県八代郡氷川町のひかりんと一緒に、北海道のお友だちと芝桜を満喫し、みんなで「くまモン体操」も踊りました。

左から、つくつくオホーツくん（オホーツクのシンボルキャラクター）、リーモ（遠軽町）、川三（遠軽町）、ひかりん（熊本県氷川町）、くまモン、そらっきー（大空町）、ぎゅうたろう（美幌町）、ノンキーくん（東藻琴芝桜公園）。みんな仲良しだモン！

くまモンが訪れた北海道の市町村ひとくちメモ

網走郡大空町は、女満別空港や網走湖がある自然豊かな町で、熊本県八代郡氷川町の友好都市。日本最東端のお米のほか、農産物の種類も多いそうです。一方、酪農学園大学がある江別市は研究学園都市として有名。雪まつりで有名なお隣の札幌市とは、車で約40分の距離。

「オホーツク流氷公園サマーフェスティバル2014」に参加！

くまモンは、オホーツク流氷公園「SUMMER FESTIVAL」の野外ステージで、くまモン体操をお披露目。その後、紋別観光協会の紋太くんやたくさんのご当地キャラと尻相撲や「だるまさんが転んだ」をしました。

紋別市
2014.7.20

オホーツク海に面した素敵な公園でくまモンも喜んでいました。

くまモン、メッセンジャーになる！

江別市
2013.2.6

酪農学園大学在学中で熊本出身の学生さんに、ご両親からのビデオレターを届けるため、くまモンが同大学を訪問。くまモンは、江別市のキャラクター「えべチュン」と交流したり、乳牛とのお散歩も体験しました。

「くまもとから元気をプロジェクト！in 北海道」として、江別市訪問はビデオレターを届けるのがいちばんの目的でした。滞在時間もとても短かったけれど、くまモンは多くの方々と楽しく交流できました。

こんにちは、えべチュン。お出迎えサンくまー☆
えべチュン、なして泣いてると？

え？ ひそひそひそ。「ナイショの話だモン！」

旭川のくまさんは白いんだモン。やっぱりメタボなんだモン！
旭川市
2013.5.9
ウェスタンパワーズ店にて。

旭川のお友だちもくまでした

くまモンは、旭川市内のスーパー3店舗で熊本産野菜&果物のPRをしてきました。ウェスタンパワーズ店では、旭川市シンボルキャラクターのあさっぴーが一緒に盛り上げてくれました。

お兄さんが熊本のデコポンPRパネルを持ってくれたので、あさっぴーと一緒にたくさんの熊本産品を紹介できました。

くまモン体操にあさっぴーも参加してくれました。「おいで、おいで、おいで」のポーズ。

さっぽろ雪まつりに、元気を届けました

札幌市
2013.2.5

さっぽろ雪まつりのつどーむ会場に遊びに行ってきました。お友だちのアックマ、コアックマとは久々の再会。寒いので2人も観客のみなさんも一緒にくまモン体操で温まりました。その後の撮影会では小さい子どもたちと写真が撮れて、くまモンもうれしそうでした。

「ちがうモン！　漫才じゃなかモン！」

アックマ、コアックマも一緒にくまモン体操。

景品もりだくさんのじゃんけん大会で熊本をPR

函館市内のスーパー3店舗で、熊本物産展のお手伝い。スーパーアークス戸倉店でのじゃんけん大会は大盛り上がり。くまモンは、しっかりくまモン体操も伝授。大満足の熊本PRでした。

サプライズのポーズとあとぜきのポーズ。

函館市
2012.11.21

本州最北端の地、青森県。きりりと引き締まる北の海峡を眺めたり、たくさんのお祭りに参加したり、とても楽しい出張でした。

「津軽海峡冬景色」が流れてきて、わくわくしたモン。

「津軽海峡冬景色」歌謡碑を見てきました

2013年8月青森初上陸！ まずは観光名所「竜飛崎」に行って、熊本出身の石川さゆりさんの名曲「津軽海峡・冬景色」の歌謡碑を訪問しました。ボタンを押すと、さゆりさんの美声が流れてくるしかけにびっくりのくまモンでした。

津軽海峡を眺めるくまモン。「いい眺めだモン！
向こうは北海道かモン？ お仕事忘れそうだモン」

※著作権の関係上、歌詞の部分にぼかし処理を施しています。

「荒馬《あらま》まつり」でらっせらー！　らっせらー！

同じ日、津軽半島の先端から少し南下して今別町へ移動。江戸時代から伝わる「荒馬まつり」にお邪魔してきました。荒馬踊りで「あらまくん」と「たずなちゃん」と一緒に跳ねて、らっせらー！　らっせらー！　盆踊り大会のステージにも参加しました。

今別町
2013.8.4

「むしゃんよか（かっこいい）今別ねぶたを先導して、町を練り歩いたモン！　途中で、今別町のキャラクターのあらまくんとたずなちゃんに会って挨拶したモン。盆踊りの輪にも入って、すっかりなじんだモン」とくまモンは元気いっぱいです。

「荒馬まつり」のステージでは、もちろん、お兄さんと一緒にくまモン体操！

輪になって踊る盆踊りが楽しかったくまモン。「今度は浴衣で踊りたいモン」

青森駅にあったミニのねぶたと記念撮影です。
「ねぶたの顔、ちょっとえずか〜（怖い）モン」

ねぶた制作：竹浪比呂央

青い森鉄道で「しゅっぱーつ　進行一っ!」

くまモンは、青森駅で「モーリー」と一緒にお仕事をしてきました。モーリーとは初対面なので、まず記念撮影。そして出発前の列車に入ってちょっとだけ座って写真ポーズ。その後、駅長さんのマネをして「しゅっぱーつ　進行っ!」。かっこよく手をあげて、運転士さんに合図を送ったのでした。

「モーリーと列車に乗ってみたモン！」乗り心地よくて、このまま旅に出たくなったくまモンです。

青森駅で、浅虫温泉行きの列車の発車式に参加。
「駅長さん、むしゃんよかモーン」

「ねぶたの家 ワ・ラッセ」でお土産たくさんいただきました！

青森駅のすぐ近くにある「ねぶたの家　ワ・ラッセ」では、青森のお友だちと一緒にハネト体験したり、くまモン体操したり。すごく楽しませてもらったのに、お土産までもいただいてしまって、くまモン、しあわせもんです。

金魚ちゃんキャップ、
どぎゃんかモン？

「ねぶたポロシャツばプレゼント！ サンくまー！ ばってん、着れるかモン？」

「青森のお友だち、あぷたん、ナマポン、いくべぇ®とも仲良くしてきたモン」

ワ・ラッセの西広場では、ハネト体験。お兄さんたちの勢いに押され気味でした。

弘前市
2013.8.6

優美な弘前城を訪問

翌日、弘前公園で、お友だちのたか丸くんと待ち合わせしたくまモン。公園を散歩しながら、弘前城の歴史を少し教えてもらいました。たか丸くんは弘前城の本丸に住んでいると聞いて、うらやましく思うくまモンでした。

青森県庁にご挨拶

青森市
2013.8.5

県庁では、青森県産品PRキャラクターの決め手くんと一緒に「決め手は、青森県産。」の合言葉で記念撮影。

八甲田丸に乗っちゃった

HAKKODA
青森市
2013.8.6

青函連絡船として活躍した八甲田丸は、青森港に係留保存されています。

岩手県

IWATE

世界遺産の平泉、日本ジオパークの三陸、そしておいしいものがいっぱいの岩手県。大震災復興のためにも、くまもとから元気を届け続けます。

大船渡市
2012.12.18

エプロンつけて熊本みかんをPR

大船渡市のマーケットプレイス・マイヤ大船渡インター店のみかん売り場で、熊本みかんの宣伝をしました。近所の保育園の園児もたくさん遊びに来てくれて、一緒にくまモン体操を踊ったりして、売り場は始終にぎやかでした。

岩手県庁で くまモン募金を贈呈

盛岡市
2012.1.30

くまモンの呼びかけで集めた、東日本大震災の義援金「くまモン募金」を贈呈しに、岩手県庁を訪問。くまモンは、みなさんのあたたかい気持ちがたくさん詰まった募金を、上野副知事（当時）に手渡してきました。

「困っている人のために使ってほしいモン！」

くまモンが全国で最後に訪れた県が秋田県。「くまもとから元気をプロジェクト！」として、2014年7月19日～21日に訪問。これで全都道府県踏破！

阿仁熊牧場（愛称：くまくま園）訪問

北秋田市
2014.7.19

北秋田市の阿仁熊牧場（愛称:くまくま園）は、秋田八幡平クマ牧場（鹿角市）からヒグマを引き取り、7月19日リニューアルオープンしました。くまモンはリニューアルオープン当日のイベントに参加してきました。

阿仁熊牧場（愛称：くまくま園）は、秋田内陸縦貫鉄道の阿仁マタギ駅から車で約10分。くまモンはイベントの前にサプライズで駅に登場！

阿仁マタギ駅前で、秋田内陸縦貫鉄道のマスコットの森吉のじゅうべぇ（左）、ないりっくん（右）と写真に収まります。

角館駅と鷹巣駅を結ぶ「秋田内陸縦貫鉄道」の列車（上）。2市にまたがる沿線には、熊本県玉名市（P164）と同じく田んぼアートが。写真は、桃太郎（上:仙北市）、鶴の恩返し（下左:仙北市）、かぐや姫（下右：北秋田市）。

午前中にリニューアルオープンのテープカットが行われました。

阿仁熊牧場には、ヒグマ（左）とツキノワグマ（右）がいます。

13時前、ステージ開始直前です。くまモン隊のお姉さんが「モンバイザー」を子どもたちに配り始めます。

佐竹敬久秋田県知事がステージ中央に立ち、「くまモン～!」と呼ぶと……。

くまモン、お姉さんに率いられて走ってステージに向かいます。走りながら司会者からマイクを受け取るのもスムーズなお姉さん。

森吉のじゅうべぇ、ニャジロウの歓迎を受けて、くまモン、ステージに上がります。

ステージに立つくまモン、右は佐竹敬久秋田県知事です。

全県踏破し、喜びを
表しているくまモン。

ヒグマに対面するくまモン。

ステージ上で、地元、北秋田市のバタもっちの手をひっぱると、伸びる、伸びる。くまモンびっくりです。

森吉のじゅうべぇとツーショットのくまモン。

会場には、くまモンの全都道府県訪問達成をお祝いして青森県・弘前から来た、熱心なファンも！

みんなでハッピーくまモン（写真）やくまモン体操を踊りました。お口やお尻にタッチです。

この日秋田県北部では集中豪雨に見舞われた地域もあったのに、会場は奇跡的に晴れのち曇り。

YouTube用に会場のみんなと動画撮影です。

ハイタッチで「またね～」

くまモン、クマとご対面！

ステージイベントのあと、少し休憩して、くまモンはクマにご対面。ちょっと怖かったのか、くまモン隊のお姉さんの背中に隠れるシーンも。

阿仁熊牧場でクマの運動場の上を歩くくまモン。

くま舎の中に入って1階に下ります。

クマ、現れません。「カモンだモン」とくまモン。

数分待ってもクマは来ません。諦めて2階への階段を上りかけると……。

クマが来た！「くまモン！戻って来て！早く！」とみんなの声。

クマとガラス越しにご対面！ くまモンちょっと緊張です。

お姉さんの背中に隠れるくまモン。クマが怖いようです。

「怖くないモン」って手乗りグマのポーズをとるくまモン。

秋田市のエリアなかいちでイベント

「くまもとから元気をプロジェクト！ in 秋田」２日めは、秋田市のエリアなかいち（なかいち広場）でイベント開催。エリアなかいちマスコットキャラクターの与次郎や秋田在住の飼い猫ニャジロウもイベントを盛り上げてくれました。

秋田市
2014.7.20

走って登場するくまモン。

なかいちプラザ

ステージは大盛り上がり。左から、与次郎、くまモン、ニャジロウ。

暑いなか、多くのファンが詰めかけていました。

おなか
触りたい！

くまモン、
かわいい！

モンバイザーをかぶり、みんなでステージを盛り上げました。子どもたちから地元のお姉さんまで応援！

秋田のみんな
サンくま～！

秋田へようこそ！

本当にくまモン、地元の方から歓迎されていました。

Twitter やブログ用の写真も撮りました。

男鹿や横手も訪れました

北秋田市や秋田市のほかに、くまモンは男鹿市、横手市雄物川町も訪問し、各地で熱烈な歓迎を受けたのでした。

男鹿真山伝承館となまはげ館で、民俗行事「男鹿のナマハゲ」を体験・見学しました。

男鹿市
2014.7.20

地元の保育園の園児さんからなまはげのかわいい衣装をプレゼントされました。

横手市
2014.7.21

秋田県のご当地ヒーロー・超神ネイガーと一緒にスイカの収穫のお手伝い。「熊本もスイカの名産地だモン！」

ノリノリに踊るくまモン。

山形県
YAMAGATA

日本海側に位置し、最上川や秀麗な山々に囲まれた自然豊かな山形県ですが、実は、くまモンにちょっと縁があるのです。

山形市
2013.2.17

学生さんと一緒に「花笠音頭」

東北芸術工科大学デザイン工学部企画構想学科の卒業制作展に招かれたくまモン。実は、企画構想学科の学科長が、くまモンの生みの親のひとりである小山薫堂さんなのです。くまモンは、学生さんに花笠音頭を教えてもらってお披露目したり、小山先生とトークショーしたり、お誕生日を祝ってもらったり、しあわせな一日を過ごしました。

くまモンに会いにたくさんの人が待っていてくれました。「みんな、サンくまー☆」

熊本県庁の方と小山先生方々とで、「くまモンの戦略」や「くまモンの経済効果」のレクチャーがありました。

みんな～
サンくまー!!

なんと、くまモンのお誕生日のお祝いが！ やまがたサプライズ！？「プレゼントやケーキまで用意してくれて、感激だモン！」

「大学の教室の壁にサイン。むしゃんよかモン」

もちろん、お兄さんとくまモン体操を踊りました。「学生さんたちにも覚えてほしかモン！」

満員御礼！　熱烈歓迎に感謝!!

鶴岡市
2013.9.15

初めて訪れた鶴岡市では、エスモールというショッピングセンターを訪問。この日、お店の１日の最多来場者数を記録したほどの盛況ぶり。熊本から元気を届けたけれど、くまモンも元気をもらいました。

会場はもちろん、階段にまであふれるお客様。「サンくまー☆」

うしろのお友だち～、
見えとるとかモン？

くまもと
サプライズ

大じゃんけん大会。「盛り上がって、とっても楽しかったモン！」

山形蔵王温泉スキー場を訪問

蔵王温泉スキー場のメインキャラクター・じゅっきーくんに会いに行きました。国体や世界大会も開催されるスキージャンプ台の近くにある上の台ゲレンデで、じゅっきーくんと一緒にスノースポーツにチャレンジ。その後屋内へ移動し、集まってくれたみなさんと交流会を行いました。

山形市
2014.2.5

スノースクートに初挑戦！「すごく上手って、じゅっきーくんにほめてもらったモン！」

悪天候のため、スキーは断念。ソリを楽しむことにしました。

無邪気にはしゃぐ、くまモンとじゅっきーくん。「よーい、どん！で、楽しいモン！」

雪の舞うゲレンデで「むしゃんよかモン！」

蔵王体育館に移動して、集まってくれたみなさんと交流会。じゅっきーくんの母・むひょこちゃん以外にも山形県内のお友だち、チェリン、はながたベニちゃん、きてけろくん、桃色ウサヒ、かむてんが駆けつけてくれました。前日がお誕生日だったじゅっきーくんのお祝いをしました。「ハッピーバースデー、む～ぎゅ～からのーカプッ☆」

宮城県 MIYAGI

海の幸だけじゃなく、お米もおいしい宮城県。大震災復興でがんばるみなさんに「くまもとから元気を」届けに訪問しました。

小さいお友だちにサプライズを届けました。

モンタクロースでメリーくまくまス～♪

あさひ幼稚園に遊びに行ってきました。南三陸町在住のオクトパス君と一緒にちょっと早いクリスマスサプライズ！　小さいお友だちもみんな、くまモン体操を踊ってくれました。

オクトパス君は、幼稚園の廊下でずっと待っていてくれました。

オクトパス君からのプレゼント。「うれしかったモン」

「みんなモンバイザーつけて、なんの相談ばしとると?」

オクトパス君のおうち、入谷Yes工房にお邪魔しました

南三陸町の山間部にある「入谷Yes工房」。廃校になった中学校を活用した工房で、いろんな工芸品を作っているそうです。オクトパス君のグッズやまゆ細工が人気です。

南三陸町
2012.12.12

この工房で働いているのは、ほとんどがお母さん。放課後の時間になると、それぞれのお子さんが「ただいま〜」って入ってくる、あったか〜い職場です。「夢いっぱいの商品がたくさん生まれている工房なんだモン」

みなさんあたたかく迎えてくれました。

なんと、まゆ細工でくまモンも作ってもらっちゃいました！「うれしか〜。工房のみなさーん、サンくまー☆」

仙台ロフトで一足早い“メリーくまくまス”

「メリーくまくまス〜♪」。くまモンファンがたくさん集まってくれて、すごい熱気でした。「くまモンじゃんけん」では、大白熱。クリスマスバージョンのくまモングッズもPRしました。

仙台市
2012.11.23

くまモンのグッズ売り場に、モンタクロース登場！

宮城県庁で仙台・宮城観光PRキャラクターのむすび丸くんと再会！

「むすび丸くん、久しぶりー。はぐはぐ。元気しとった？ ボクちょっとおなかすいたから、おむすびいただくまーす！」
くまモン、むすび丸くんのほっぺは食べられませんよ。

さんさん商店街は元気な笑顔がいっぱい！

南三陸町
2013.9.24

南三陸町志津川地区にある仮設商店街「南三陸さんさん商店街」にお呼ばれ。オクトパス君との再会も果たし、お客様も一緒にくまモン体操を踊りました。

くまモン体操で仲良くなったところで、ハイ、チーズ！「みんなモンバイザーお似合いだモン！」

南三陸さんさん商

「南三陸復興ダコの会」会長の高橋さん。さんさん商店街では「季節料理　志のや」も経営しています。

「すっかりくつろいじゃったモン！」

みんなに元気を
届けたモン！

この顔出し、くまモンには小さすぎました。「残念だモン！」

松島基地にお邪魔しました

東松島市
2013.9.25

宮城県東松島市にある航空自衛隊 松島基地。曲技飛行を行う「ブルーインパルス」の本拠地としても有名です。東日本大震災のときには、津波で滑走路が水没してしまいましたが、今では完全に復活しました。今回くまモンは熊本出身の隊員の激励に訪れました。

この日は残念ながら雲が多すぎて曲技飛行の演技は中止になりましたが、かっこいいブルーインパルスのみなさんと記念撮影！「ボクもパイロット気分。サンくまー☆」

熊本出身の6番機パイロットの橋本1尉に、熊本学園大学付属高校野球部の後輩からの寄せ書きを贈呈。「これからもがんばってほしいんだモン！」

基地に戻ってくるブルーインパルスを、お出迎え。「機体の誘導もお手伝いさせてもらったモン！」

原付バイクを改造して作ったブルーインパルス・ジュニア。「ジャーン！　乗れたモン！」

むすび丸くん、イートくんも一緒に記念撮影。

まだまだたくさんの方々が避難生活を強いられている福島。みんなの笑顔がこぼれるように、これからもくまもとから元気を届け続けます！

「ふくしま再興祭り　ゆるキャラ®万博2013」にスペシャルゲストで参加

郡山市のビッグパレットふくしまで、たくさんのご当地キャラが集まって、福島を元気にしよう！って、イベントが開催。4チーム対抗で「だるまさんが転んだ」や「イスとりゲーム」などが行われました。

「ご当地キャラこども夢フェスタin白河」でキビタンと再会！

白河市
2013.9.22

「ご当地キャラこども夢フェスタin白河」で、キビタンや小さいお友だちと一緒に、くまモン体操を踊りました。「みんな上手で、うれしかモン！」

「福島ご当地キャラ大集合in郡山カルチャーパーク」にスペシャルゲストとして登場

キビタン、がくとくん、おんぷちゃんと一緒にビンゴゲームのお手伝い。キビタン体操も教えてもらいました。「キビタン体操とくまモン体操を毎日やれば、きっときっと元気になれるモン！」

郡山市
2013.9.23

関東

首都圏はくまモンの訪問回数も多いところ。サッカーの応援に群馬県や栃木県に行ったり、熊本物産のPRに関東各地を訪問しました。「ゆるキャラ®さみっとin羽生」ではアンバサダーとしてお仕事をしました。東京ではファン感謝デーも開催されました。

栃木県
TOCHIGI

日光や戦場ヶ原など、観光名所がたくさんの栃木県。四季折々の自然豊かな風景には、癒されます。くまモンは栃木の人々に元気を伝えてきました。

宇都宮市
2013.7.20
サッカーは
得意だモン。

「ほっぺはおんなじ赤い丸だモン」

ロアッソ熊本の応援に栃木県へ

栃木県グリーンスタジアムで開催された「イオンスペシャルマッチ　栃木SC対ロアッソ熊本戦」の応援に行ってきました。栃木県のマスコットキャラクターとちまるくんとも、すっかり仲良しになったくまモンです。

「サプラーイズ！」のポーズ。
「とちまるくんに負けたくなかモン」

東武宇都宮百貨店で九州をPR

宇都宮市
2013.3.20

東武宇都宮百貨店で開催された「第32回九州物産展」でお手伝い。ステージでは、ファンのみなさんとじゃんけん大会やクイズで盛り上がって、楽しく九州をPR。途中からとちまるくんも参加して、一緒に「くまモン体操」を披露。とちまるくんもとっても上手で、みんなびっくりしました。

群馬県
GUNMA

大の仲良し、ぐんまちゃんのいる群馬県。豊かな自然や歴史的な遺産などで有名です。もちろん草津温泉やJリーグのザスパクサツ群馬も忘れずに！

かわいいぐんまちゃん、りりしい湯友くんと応援合戦

前橋市
2013.8.18

「双眼鏡のポーズも一緒に、くまモン体操踊ったモン」

ザスパクサツ群馬対ロアッソ熊本戦が、正田醤油スタジアム群馬で開催。ぐんまちゃんとザスパクサツ群馬のマスコットキャラクター・湯友くんも、自分の県のチームを応援しました。ハーフタイムショーのくまモン体操では、ぐんまちゃんも完璧に踊ってくれました。

茨城県

IBARAKI

熊本からはずいぶん離れた茨城県ですが、水戸の百貨店で開催された九州フェアに応援に行って大はしゃぎのくまモンでした。

水戸市

2013.9.7

水戸で「くまモンふれあい会」開催

くまモンは、水戸京成百貨店「全九州の物産展」の応援に行きました。お店の前の特設ステージで「くまモンふれあい会」が開催され、ステージのまわりは多くのお客様でにぎわいました。くまモンふれあい会では、熊本のうまかもんやくまモングッズの紹介はもちろんのこと、くまモン体操やじゃんけん大会が行われました。

東京にも近く、三方を海で囲まれ、夏涼しく、冬は暖かい千葉県。くまモンは、2013年末に木更津市でクリスマスコンサートを行いました。

木更津市
2013.12.2

向かって左側が、歌のそがみまこお姉さん♪　美しい歌声にうっとり。
くまモンはちびっこたちの歓声がうれしくて、はりきってパフォーマンス！

モンタクロース姿で
クリスマスファミリーコンサート

「阿蘇からの風　クリスマスファミリーコンサート　みまこお姉さんとうたおう〜くまモンと行く　熊本うたの旅〜」という楽しいコンサートが開催されました。くまモンは、みまこお姉さんのきれいな歌声で「ダイスキ！　くまもとファイヤー」も踊りました。

「木更津市のお友だち、きさポンも駆けつけてくれたモン！」

千葉市・習志野市
2013.11.22

みかん祭りin千葉&習志野

くまモンは、しょいか〜ご千葉店と習志野店で「JA熊本市みかん祭」のお手伝い。習志野店では、レジ通過者100万人達成お祝いイベントも。「おめでとー！だモン。熊本みかん、おいしかモン」とおすすめしました。

（左）習志野店のちらし。
（右）レジ通過者100万人達成のお祝いイベントのお手伝いです。

こちらは千葉店でお手伝いのくまモン。
たくさんのみかんを販売。

Special Report

くまモン ファン感謝祭 in TOKYO 2014 開催

「くまモンもん」でのりのり！ えりこお姉さんも、あすかお姉さんの動きもきりり！（1月11日、ミニステージ13：00の部）

2014年1月11日～13日、「くまモンファン感謝祭」が東京で3日間開催されました。関東地方をはじめさまざまな地域からいらっしゃったファンで会場は満杯！ くまモンもお姉さんも大ハッスルしていました。

大勢の人が詰めかけ、座りきれずに床に座った方もいらっしゃいました。

くまモンは、特製「Cheek RED弁当」の販売のお手伝いをしました。

ミニステージは入れ替え制。ファンの長蛇の列が！

初日

楽しく始まった「オープニングセレモニー&ミニステージ」

東京千代田区の東京国際フォーラムで、3日間にわたって開催された「くまモンファン感謝祭 in TOKYO 2014」。まずは、初日1月11日に開かれたオープニングセレモニーとオープニングミニステージの様子をお伝えしましょう。

オープニングセレモニーは12時から。11時すぎにはすでに300人以上のファンが！

セレモニーは熊本・秀岳館高校の雅太鼓で開始。とても活発な演奏で、セレモニーを盛り上げます。

開会宣言&鏡開き。佐伯和典熊本県東京事務所長（当時）と、ハイタッチ！でくまモン登場！

「『くまモンファン感謝祭 in TOKYO 2014』スリーデイズのスタートです！」と、佐伯所長が開会宣言。

さあ、鏡開き。お手伝いにくまもん隊のあすかお姉さん（右）とえりこお姉さん（左）が登場。

「モン。モン。モン！」で鏡開き。お姉さん応援してね。所長さんも決まっています。

「え〜！」酒樽の中には熊本の牛乳パックとカフェオレパックが。くまモンは子どもだからお酒が呑めません。

「ボクもお酒呑みたいモン」って駄々をこねるくまモン。佐伯所長はくまモンが酒樽に向かうのを必死に阻止。

客席に牛乳パックを投げるくまモン。司会のお姉さんもびっくり。ちなみにアンダースローでした。

オープニングセレモニーはここで終わりです。くまモンはひとまず退場します。

13時からミニステージが始まりました。曲は「くまモンもん」。くまモンの「く」のポーズ。

クイズ大会のはじまりはじまり。「あとぜき」はなんでしょう。ファンのみなさんはよく知っているようです。

クイズに正解したちっちゃなお友だちとお母さんです。くまモンと一緒に記念写真を撮ります。

九州から来てくれたお友だちも！熊本弁の問題はかんたんだったのでしょうか。

締めくくりはくまモン体操です。小さくバンザイ！ 大きくバンザイ！もうおなじみです。

夜の部のステージはイベント盛りだくさん!

初日

夜の部は「くまモン体操」「くまモンもん」以外に、ビデオメッセージ、童謡ミュージカル、プレゼント抽選と盛りだくさん。最後はみんなで記念撮影！ 「みんな応援してくれてサンくまー☆」とくまモン。東京でまたファンイベントができるよう、くまモンをこれからも応援しましょう。

夜の部はじまりはじまり。くまモンは夜も元気です！

熊本の有名人の方々がビデオレターを寄せてくださいました。
くまモン、ちゃんと聞いてくださいね。

「くまモンもん」です。くまモンもお姉さんたちのように足を上げて！

くまモンのヨーロッパツアービデオを数本放映。くまモンは、2013年にいろんな国に行きました。

熊本八代市・秀岳館高校による雅太鼓演奏です。マイクを持つのは、八代市長中村博生さん。

みまこお姉さん、えりこお姉さんと一緒にミュージカルイベントのスタートです！ 「ダイスキ！ くまもとファイヤー」から。

童謡「にらめっこ」のシーンでは、ファンとくまモンがにらめっこごっこ。

「ふるさと」の歌をバックに客席に降りてファンと集うくまモン。

ミュージカルイベント最後は「勇気100%」。勇気づけられる曲です。

楽しいプレゼント抽選大会です。くじを引くのはもちろんくまモンです。

みんなで記念撮影のお時間です。まずは、ファンのみなさんで。次に、お姉さんや秀岳館高校の生徒さんも一緒にパチリ。

今日は楽しかったね～。「またね～！」のポーズで終了。

会場の出口でも、ファンのみなさんにご挨拶！ くまモン、ありがとう！

スタッフのみなさん、お疲れさまです。「明日もがんばるモン！」とくまモン。

「北風小僧の寒太郎」で、くまモンは「北風小僧のモン太郎！」に扮します。

童謡「あんたがたどこさ」で鞠をつくくまモン。「あんたがたどこさ」「肥後さ」の肥後って熊本のことです。

童謡「まりととのさま」で扇を持って殿様に扮するくまモン。扇の赤い色がよく似合います。

童謡「にらめっこ」で男性ファンとにらめっこのゲーム。くまモンはにらめっこでとっても強かったです。

くまモンは馬肉がお好き！

ファンプレゼント商品、馬肉セットをもらいたかったくまモン。さてどうなりましたか？

プレゼント商品の馬肉セット。抱えます。

え！

舞台袖に逃走

馬肉セットを抱えたまま舞台袖に逃走！

戻ってきたけど、「渡したくないモン」

くまモン、土下座して謝ります。

最後はファンに渡して、お決まりのハグ。

熊本の「赤い食材」を使ったコラボ弁当も

感謝祭では2日目と3日目に「Cheek RED弁当」を限定販売。熊本の赤くておいしいものと、RED　U-35※グランプリの杉本敬三シェフが作ったコラボ弁当です。トマトを味のアクセントに使ったあか牛のステーキ丼で、ご飯は熊本のお米「森のくまさん」。食べるときには、くまモンの赤いほっぺが落ちないように気をつけなくては。

※RED　U-35
才能ある若手料理人を発掘する日本最大級の料理人コンペティション。第1回の2013年は国内外から451名が応募。最優秀料理人にはグランプリ「レッドエッグ」が贈られる。

千代田区
2014.1.13

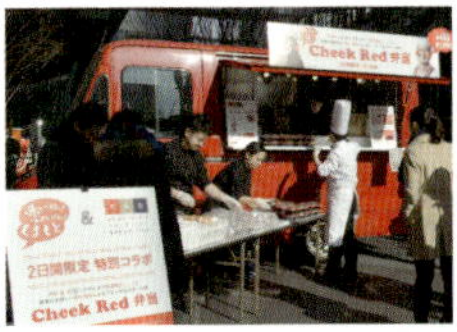

会場外のキッチンカーでお弁当を販売。くまモンもみなさんにお弁当を手渡すお手伝い。半分ほど食べた後はセットのミネストローネを入れて食べるのがおすすめ。一味違ったスープご飯になっておいしさアップ！

くまモングッズや関連商品もたくさん！

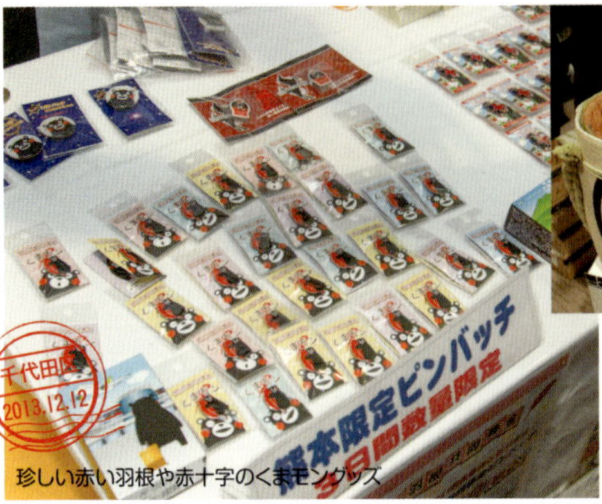

珍しい赤い羽根や赤十字のくまモングッズ

鏡開きのお酒も！

「くまモンGO!」のソラシドエアのみなさんも駆けつけてくれました。

銀座熊本館のみなさんもグッズ類を販売。限定の福袋も。

東京都

TOKYO

東京では、熊本の物産PRからイベントのゲスト出演まで、くまモンはいつも大活躍。銀座熊本館にはくまモングッズも売っています。

千代田区
2013.12.12

「ライティングオブジェ2013」は、「地球環境と子供たちの未来に向けた平和のメッセージ」と震災復興支援への思いを、舞台美術家の朝倉摂氏や空間デザイナーの仁木洋子氏など160名が、光をテーマにした作品で発信するアート展です。会場は、東京ビルTOKIA、東京国際フォーラムほか。「光の箱」ワークショップやクリスマス・チャリティコンサートも行われました。

「ライティングオブジェ 2013 点灯式」に参加

今年で8回目となる「ライティングオブジェ 2013 点灯式」にくまモンが参加しました。「石井竜也さんが隣でドキドキだったモン！」とくまモン。

グッドデザイン賞ベスト100受賞者によるプレゼンテーション大会に出席！

港区
2013.11.3

キャラクターを活用した地域プロモーションとして、グッドデザイン賞ベスト100をくまモンが受賞しました。受賞会場講演のプレゼンターは宮﨑公一くまもとセールス課長（当時）。そもそもくまモンは「くまもとサプライズ！のおまけ」だったと講演。でも、今や…。

「江戸城天守を再建する会」発足記念集会にゲスト出演！

千代田区
2013.11.27

江戸城は、むかし熊本のお殿様、加藤清正公が工事を請け負ったんだそうです。「ボクはくまモン体操で応援だモン！」とくまモンも張り切ります。「江戸城天守再建の際には熊本の畳をぜひ使ってほしいモン。熊本の畳は全国でシェア8割だモン！　日本一だモン」と。会場の学士会館はクラシカルな建物で素敵でした。

文京区
2013.11.4

「ベースボールフェスティバル ～絆～ 2013 in 東京ドーム」を応援

プロ野球OBオールスターズ対プロジョッキー混成チームで東日本大震災支援のチャリティ野球試合を開催。くまモンもご当地キャラたちと応援に駆けつけました。始球式のピッチャーは岩隅投手、バッターはくまモン。

中野ブロードウェイ 6月イベント「くまもと歴史・文化月間」で活躍

熊本城おもてなし武将隊と中野ブロードウェイにて演武ショー。中野ブロードウェイ商店街振興組合では熊本のPRイベントを開催し、熊本の魅力をたくさん伝えてくれました。「サンくま〜」とくまモン。それにしても武将隊とくまモンが揃って、むしゃんよか（かっこいい）！

中野区 2013.6.1

練馬区 2013.9.29

「第4回ロハスフェスタ in 東京・光が丘公園」でナチュラルっぷり

熊本県の西原村が出展し、熊本のおいしいものをたくさん紹介してくれました。くまモンも特別ゲストで参加。くまモングッズづくりを体験するワークショップも大人気でした。

銀座熊本館に出没

中央区 2012.3.20

ここは銀座熊本館の裏。エプロン姿でお手伝い中。裏口もちゃんと「あとぜき」するくまモン。

銀座で茨城県のアンテナショップを応援

中央区 2012.1.7

茨城県のアンテナショップに年始のご挨拶。「茨城のハッスル黄門さまと時々コラボだモン」

熊本「万次郎かぼちゃ」のPR

伊勢丹新宿店本館地下1階で、万次郎かぼちゃのPRをお手伝い。熊本は万次郎かぼちゃの生産地として有名です。名前の由来は「ジョン万次郎」なのだとか。ラグビーボールのような形と甘くねっとりした果肉が特徴で、スープなどにぴったりです。

新宿区
2012.2.12

みなさん気づいてくれたかな？ この日はバレンタインデーが近いから、くまモンも耳にハートとかぼちゃをつけておめかし！ バレンタインデーのチョコをもらってうれしそうなくまモン。「赤いほっぺがもっとまっ赤になったモン」

熊本県営業部長のくまモンがこのフェアで使っていた名刺。裏には自己紹介が書かれていました（2012年当時）。

新宿で南九州3県マルシェの宣伝

宮崎県高千穂町観光協会のマスコットキャラクター「うずめちゃん」と一緒に参加。うずめちゃんは日本神話の女神、天鈿女命（あめのうずめのみこと）がモデルです。九州のうまかもんで、日本中が元気になるよう、2人で力を合わせてPR。

新宿区
2012.2.24

耳には、なんと！ 熊本特産のデコポンをつけています。「うずめちゃんもほめてくれたモン」

豊島区
2012.3.20

東武百貨店池袋店・九州屋「熊本フェア」で熊本のおいしいものをPR

九州屋さんの「熊本フェア」のお手伝い。
熊本のうまかモンをたくさんアピールしたモン」

書泉グランデ
ゲーム
千代田区
2013.5.4

店頭でもたくさんのお客様とふれあったくまモン。いろんなフロアにも出没。「撮影会では、かっこよく撮ってくれたかモン？」

SHOSEN
書泉

書店さんの「熊本の鉄道フェア」を応援

神田神保町の「書泉グランデ」で熊本の鉄道本、DVD、鉄道グッズなどを販売するフェアが開催されたので、くまモンが応援に駆けつけました。くまモンは、店内あちこちに出没したり、撮影会や握手でお客様とふれあいました。

銀座・築地練り歩きでお散歩

中央区
2012.11.10

築地本願寺の改修工事が完了したことを祝ってご当地キャラさんたち50体で銀座・築地を練り歩き。江戸時代、浅草に建立され、明暦の大火の後、築地に再建された築地本願寺。2012年には本堂と石塀が国の登録有形文化財になったそうです。

昔は歌舞伎役者さんが襲名披露などでパレードすることを「お練り」と言いました。「ボクたちも今日はゆるゆるまったり練り歩きだモン」

シュタイフ青山で「テディベア　くまモン」に再会

港区
2013.12.1

テディベアのぬいぐるみで有名なシュタイフ社製の限定「テディベア　くまモン」が販売され、予約開始後、あっという間に完売。くまモンは、その限定くまモンに会うために東京・青山のシュタイフ青山へ。

くまモンそっくりな「テディベア　くまモン」に感激。買ってくれた人のおうちできっと毎日、元気とサプライズを振りまいていることでしょう。たくさんのお客様の前で「テディベア　くまモン」を持ってダンスを披露したくまモン。「みんなと記念撮影もしたモン」

Steiff

祭りナビゲーターを務めるEXILEのUSAさんとくまモン。大分県宇佐市公認文化観光大使「ラッキーウサ」をプロデュースするUSAさんとくまモンは九州つながりなのです。

「ふるさと祭り東京2014 〜日本のまつり・故郷の味〜」記者発表に出席

東京ドームで行われた「ふるさと祭り東京2014記者発表会」にくまモンが登場。くまモンは熊本の名産品を持って、たくさんの人が来てくださるようにPRしました。

馬肉に辛子レンコン、
デコポン……
うまかモン！

文京区
2013.12.17

「ふるさと祭り東京2014」ステージも大盛り上がり

文京区
2014.1.17・18

東京ドームで全国の祭りやふるさとの味が集結し、10日間のイベントが行われました。祭りの山車や神輿、踊りが披露され、熱気に包まれていました。期間内には、「第5回ご当地どんぶり選手権」や「ご当地ゆるキャラ®リンピック」が開催されました。各地のゆるキャラ®さんとともに、くまモンもお祭りひろばのステージに参加。大興奮のステージとなりました。

くまモンのほっぺがなくなっちゃった事件の顚末

ある日突然、くまモンの赤いほっぺがなくなってしまいました。どうやら熊本のうまかもんを食べ過ぎて、どこかに落としてしまったようです。くまモンもあちこちを探しまわった3日後。無事赤いほっぺが戻ってきました。

初日

東京・銀座熊本館前で、お姉さんと一緒にみなさんにお願いしました。「一緒に探してほしいモン」

ほっぺ
見つからないモン。

突然の赤いほっぺ紛失に、くまモンも茫然。

2日目

ハロウィンバージョンで隠すモン。

蒲島知事も「みなさん、くまモンの赤いほっぺを探してください」と呼びかけてくれました。

3日目

遺失届はここでいいかモン？

なかなか見つからないので、お友だちのピーポくんを訪ねて、警視庁へ。遺失届も提出してきました。

ありがとう

赤いほっぺを探してくれたお礼に、熊本産とまとの詰め合わせ「ありがとまと」を限定販売しました。

ありました!

みんな、
ありがとうだモン！

無事ほっぺが戻ってきたので、蒲島知事とスザンヌ宣伝部長と一緒に記者会見を行い、みなさんにお礼を言いました。

ありがとう
くまモンのほっぺ
見つかりました

東京・渋谷の街頭ビジョンでも、ご協力に感謝です。

「きっと見つかるから大丈夫だよ」とピーポくんは、くまモンを励ましてくれました。

神奈川県

KANAGAWA

東京に次いで人口が2番目に多い神奈川県。いつも多くのくまモンファンが来てくれました。いろんな町に元気を届けて熊本をアピールしました。

会場手前には大きなクリスマスツリーが。舞台は円形。四方八方、多くの人に囲まれてドキドキでした。

ぴょん！と跳んで登場！フィギュアスケート選手のように、くるくる回るくまモン。

ライフコーポレーション 相模大野駅前店で 熊本みかん・デコポンPR

「メリーくまくまス〜!!」。くまモンは、モンタクロース姿で、相模大野のお友だちに一足早いプレゼントを持っていきました。ステージの周りや2階までたくさんのくまモンファン！ じゃんけん大会では、くまモンに勝ったお友だちにみかんをプレゼントしたり、みなさんと写真もいっぱい撮りました。

相模原市
2013.12.14

Olympic港北ニュータウン店で熊本フェア応援

横浜市の港北ニュータウンに熊本フェアでお出かけ。クリスマスが近かったので、モンタクロースで登場。ここでもたくさんのくまモンファンが来てくださって、じゃんけん大会でプレゼントを渡しました。

お店の人の案内で迷子にならずに登場！

くまモン体操もいつもよりキレが良かったかもしれません。お姉さんもはりきってポーズ。

「こだわり食材　熊本フェア」でうまかもん紹介

横浜ベイホテル東急2階の「カフェ トスカ」では、熊本の食材を使ったおいしい料理を、たくさん作っていただきました。「どれも全部うまかモン！」

よこはまコスモワールドのオリジナルキャラクター「コスモくん」も来てくれました。

お店の中では、メニューに使用される熊本の野菜や食材をディスプレイ。「どれもおいしそうだモン！」

「ボザッピィと全国ご当地ゆるキャラ®祭り」に参加

箱根町
2013.7.14

箱根小涌園ユネッサンのボザッピィはサンバが得意。「一緒にくまモン体操を踊って、楽しかったモン！」

川崎アゼリアでくまモン体操

川崎駅近くの川崎アゼリアで行われた「九州物産 うまいもの展」でPRのお手伝い。「くまモン体操東北復興バージョン」も宣伝しました。「多くの女性ファンに囲まれてうれしいモン」、とくまモン。

九州のうまかモン、
持ってきたモン。
九州物産うまいもの展
Azalea

九州物産うまいもの展
Azalea
くまモン握手会
14：00～
54

握手とハグができたのは整理券を持ってる人のみ！

自動販売機
にハグ？

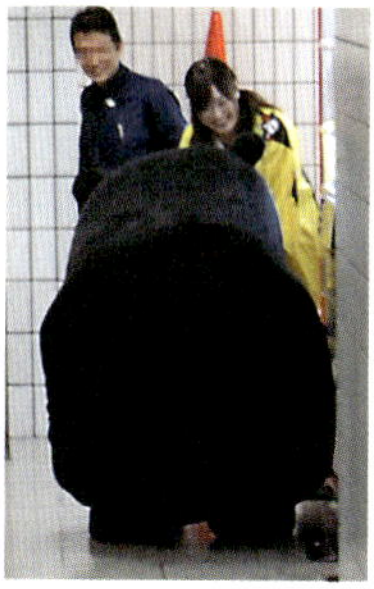

川崎市
2013.10.17

舞台がはねて。自動販売機が気になるくまモン。ボタンを押したら、ジュースが出てくるかな？ 出てこないな。どうして!? お金入れないといけないの？ と、とまどうくまモン。

熊本フェアで買っちゃいました！

神奈川で行われた熊本フェアで、熊本のいいもの買っちゃいました。「森のくまさん」は炊きあがるとほんとにお米がつやつやしていました。

アベックラーメン

熊本ラーメンをおうちでも食べよう。種類もいっぱい（五木食品）。

東肥
赤酒

屠蘇袋付き東肥赤酒（瑞鷹）。熊本のほとんどのご家庭では、お屠蘇に赤酒が使われるんだって。赤はめでたい色。くまモンのお年玉袋&ご祝儀袋付き。（11～12月の期間限定）

杵つき餅だモン

おいしい熊本もち米「ヒヨクモチ」を100%使用した、無添加本格杵つき餅「杵つき餅だモン」（九州食農連携）。

海の幸も！ 熊本ならでは。健康によい「乾燥ひじき」（高木海藻店）。

のりたまご

おいしいご飯には、おいしいふりかけを！「のりたまご」（フタバ）。

新米
森のくまさん
NET 2kg

一般財団法人日本穀物検定協会が発表する食味ランキングで4年連続最高位の「特A」を獲得している「森のくまさん」（販売：O-ETSU食品工業）。

全国のキャラクターたちが交代でステージに登場。写真はステージに出演したくまモン。王者の風格が出ています。

Special Report

ゆるキャラ® さみっと in羽生2013に くまモンも登場

羽生市
2013.11.24

11月23、24日に埼玉県羽生市の羽生水郷公園で開催された、「ゆるキャラ®さみっとin羽生2013」には、国内外452のキャラクターが大集合。マスコット最多集合の世界記録（376キャラクター）も達成し、2日間で約45万人ものお客様が来てくれました。くまモン、ちょっとやんちゃで存在感をアピールしました！

主催　ゆるキャラ®さみっとin羽生実行委員会

あえて屈伸運動！

なかなかくまモン体操が始まりません。「まずは準備運動の屈伸運動だモン」

アキレス腱伸ばし！

「アキレス腱も伸ばしてからだモン」とお姉さんを焦らすくまモン。

ようやく体操！

ようやくくまモン体操開始です！　お天気にも恵まれ、多くのくまモンファンたちが詰めかけました。

サボタージュ！

くまモン体操が終わって突然寝てしまうくまモン。「あとでジュース買ってあげるから」と言っても……。どうやら5本で交渉妥結。

羽生市のムジナもんやいがまんちゃんたちがくまモンの近くに来てくれました。みんなでハグハグしました。

＊ゆるキャラ®は、みうらじゅん氏の著作物であるとともに扶桑社、及びみうらじゅん氏の所有する登録商標です。

「ゆるキャラ®グランプリ2013」でみごと優勝した
「さのまる」くんに祝福のハグ!!

「ゆるキャラ®グランプリ2013」で2位になった出世大名家康くん」とパチリ！

「ゆるキャラ®グランプリ2013」で3位になったぐんまちゃんに「おめでとう！」を伝えました。

来賓のみなさんに親しげにふるまうくまモン。「リラックスだモン」

途中で壇上から降りちゃったくまモン。カメラの前でポーズを決めてます。

「ゆるキャラ®グランプリ2013」の結果発表

24日は「ゆるキャラ®グランプリ2013」の結果発表と授賞式が行われました。1245体のご当地ゆるキャラ®の中の1位となったのは佐野市の「さのまる」(中央)、2位「出世大名家康くん」、3位「ぐんまちゃん」。くまモンはちょっとはしゃぎすぎだったかも。

地元の応援と郷土愛をいっぱい背負ったゆるキャラ®さんはみんな緊張気味。2011年王者のくまモンは、2012年王者のバリィさんとともにプレゼンターを務めました。右端のくまモンはコーすけ(企業キャラ部門1位)にあれこれアドバイス中?

前からどうしても気になっていたので、出世大名家康くんの袴の中をちらりと拝見させていただきました。「おもしろいものは出てこなかったモン」

授賞式後、ホッとしているスタッフに後ろからこっそり近づいたくまモン、なんと「カンチョー!」。怒ったスタッフからカンチョーの仕返しをされるくまモン。やんちゃすぎでしたね。

埼玉県
SAITAMA

自然も人も大きな街もいっぱいの埼玉県。デパートでのPRもそうですが、羽生市の「ゆるキャラ®さみっと」への出張は気合が入ります(68ページ参照)。

「わ〜い！　高いところ気持ちがよかモン」

「志木市民まつり」に参加しました

今年の市民まつりは「カッパだよ！全員集合!!」。くまモンはカッパじゃないけど、お友だちのカッピーに誘われて出演しました。「ホールや野外で、歌って踊って大賑わいだったモン！」

画像提供：志木市民まつり実行委員会

志木市のマスコットキャラクターのカッピーとは、とっても仲良し。

野外でもお客様とふれあったり、写真撮影も行われました。

そごう大宮店の大物産展！

大九州物産展のイベントで大宮へ。九州・沖縄のうまかもんや工芸品など、い〜っぱいPRしてきました。そごう入口前で、たくさんのくまモンファンにご挨拶。くまモン体操もしました。

タスキの位置が微妙ですが、くまモン体操をするときはこの位置がベストだそうです。この当時はじゃんけんも紙。

中部

中部地方は、熊本県から遠くてなかなかくまモンは行けません。それでも各県にお邪魔して、なるべく多くの地域へ行くようにしています。新潟ではお友だちのレルヒさんと一緒に雪遊びをしました。

新潟県
NIIGATA

新潟県は、日本のスキー発祥の地。くまモンは、日本元祖スキー漢《おとこ》のレルヒさんと大の仲良し。苗場スキー場にも、レルヒさんと一緒に訪れました。

「雪といったら、雪合戦だモン！」

湯沢町
2012.12.8

苗場スキー場で初すべり

くまモンが苗場スキー場のオープン記念イベントに参加しました。大好きなレルヒさんと一緒に雪合戦やそりすべりをしたり、雪遊びに大はしゃぎのくまモンでした。

レルヒさんは雪だるま作り、くまモンは雪遊びに夢中です。「楽しかモン！」

そりのスピードが速くてびっくりのくまモンでした。

スキー場の安全祈願のために、くまモンは新潟県の方々と一緒に鏡開きにも参加しました。もちろんくまモン体操も踊りました。

熊本ではなかなか体験できないそり遊び。体操で鍛えたバランス感覚で挑戦。

イベント会場に、2人並んで登場。レルヒさんは華麗なるテクニックでストックなしスキー。「むしゃんよか（かっこいい）！　ボクはスノーモービルだモン。ホントは運転ばしたかったモン！」

長野県
NAGANO

長野県は、海に面していない内陸地で、高くてきれいな山々に囲まれています。くまモンは長野県観光PRキャラクターのアルクマを訪ねました。

長野県庁の阿部守一知事に会いに行きました。ダンスと体操で日本中を元気にしていくことを約束するくまモン。

アルクマと一緒に長野県を元気に

くま仲間のアルクマからお誘いがあって、松本市と長野市にお邪魔しました。歴史のお勉強にもなって、くまモンもとても楽しそうでした。 ここでは長野市での模様をお伝えします。

川中島古戦場として有名な八幡原史跡公園で、武田信玄公と上杉謙信公になりきって、「一騎打ちのふりだモン」。

「長野県庁では、くまモン体操と『信濃の国ダンス』を踊ったモン。息もぴったり、ばっちりだったモン！」

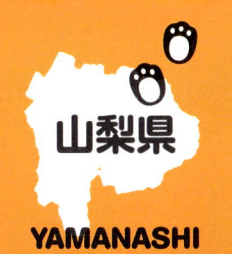

山梨県
YAMANASHI

高い山に囲まれ自然豊かな内陸の地、山梨県。ぶどうや桃、ワインが名産です。くまモンは、花火大会で名高い市川三郷町に行ってきました。

久しぶりに市川三郷レンジャーのみんなに会えたくまモン。「ぽんぽん（黄）、どんどん（赤）、にんにん（青）も元気そうでよかったモン！」

市川三郷町
2012.8.7

「神明の花火大会」でお友だちと交流

毎年、市川三郷町で開催される有名な「神明の花火大会」にお邪魔してきました。約2万発の花火が上がって、毎年約20万人の観光客でにぎわいます。くまモンは、お友だちのご当地キャラと一緒に、花火が始まる前のステージを盛り上げてきました。

富士の国やまなし国文祭のマスコットキャラクターのカルチャくんを見つけたくまモン。一緒に花火を見ようとはりきっていました。

ぶどうや桃を
食べたいモン！

静岡県
SHIZUOKA

静岡といえば、お茶やみかん。熊本と特産品が似ています。なんだか親戚がいるかのように感じたのか、くまモンは大はしゃぎでした。

TOYOCKY

お友だちは、向かって左から、静岡県のふじっぴー、三島市のみしまるこちゃん、豊橋市のトヨッキーくん、豊川市の狐娘（ここ）ちゃん。

「とびっきり！　あさひテレビまつり」に登場！

静岡市
2013.9.29

くまモンは静岡朝日テレビのイベント「とびっきり！　あさひテレビまつり」に出演。ステージでのご当地クイズはとっても盛り上がりました。くまモンが出題した熊本クイズでは、小さいお友だちが元気に答えてくれて、くまモンもうれしそうでした。

かわいいみしまるこちゃんの隣で緊張気味のくまモンです。

静岡も熊本も
お茶がおいしい
モン。

富山県

TOYAMA

富山県は、立山連峰をはじめ豊かな自然や、きれいなチューリップで有名です。くまモンは、カターレ富山と戦うロアッソ熊本の応援に行きました。

カターレ富山対ロアッソ熊本戦の応援に登場

試合では敵だけど、カターレ富山のマスコット、ライカくんとはホントはとっても仲良しです。
©KATALLER TOYAMA

くまモンは、カターレ富山のホームスタジアム、富山県総合運動公園陸上競技場でロアッソ熊本を応援しました。実は2年ぶりの富山だったそうです。

©KATALLER TOYAMA

ステージではファンの集いが行われました。左から、元気とやまマスコットのきときと君、熊本のロアッソくん、カターレ富山のライカくん、グリーンリボンキャンペーンの使者のハーティちゃん。

石川県 ISHIKAWA

おいしい海産物や素敵な街と温泉で名高い石川県。くまモンは加賀温泉郷のPR動画作りや九州フェアで石川県各地を訪れました。

新鮮で、見た目もきれいなうまかもんを、Lady Kagaのみなさんにご馳走してもらったんだモン！

加賀市
2013.3.7

加賀温泉郷のPR動画作りをお手伝い

加賀温泉郷で働く「おもてなしの心を持った加賀の女性」のみなさん、Lady Kaga（レディー・カガ）。くまモンの訪問は、Lady Kagaのみなさんたちとの加賀のPR動画作りが目的でしたが、すっかり「お・も・て・な・し」されてしまいました。

加賀温泉郷をいろいろ案内してもらいました。「景色も空気もきれいで、温泉は素敵だモン！」

PR動画は、Lady Kagaのウェブから見ることができます（http://ladykaga.me/）。

金沢市
2013.10.19

香林坊アトリオでフェアの応援

金沢の中心部にあるショッピングモール「香林坊アトリオ」で開催された九州フェアにあわせて、くまモンが応援に駆けつけました。

イベントステージは吹き抜けになっていたのですが、四方八方全フロアからお客様が見ている様子に、くまモンもちょっとびっくりです。

GUCCI

また金沢に
行きたいモン！

お客様からよく見えるように、いっぱいいっぱい動いたくまモン。みなさん、くまモンのステージよく見えましたか？

福井県

FUKUI

くまモンは、「くまもとから元気をプロジェクト！ in 福井」で熊本市と姉妹都市の福井市や、めがねフレームシェアNo.1の鯖江市を訪問しました。

「めがねミュージアム」では、メガネ形のストラップ作りにチャレンジしました。ヤスリで削るのは細かくてむずかしかったけれど、ミュージアムのおじさんがやさしく教えてくれました。「楽しくできたモン。おじさん、サンくまー！」

「くまもとから元気をプロジェクト！ in 福井」編

くまモンは、めがねのシェア日本一の鯖江市にある「めがねミュージアム」を訪問。ミュージアムで特注めがねをプレゼントされました。よく似合っていますね。

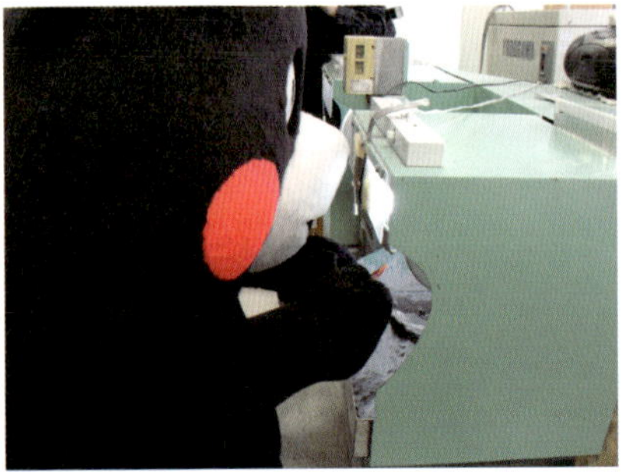

パフマシンで、さっき削ったメガネを磨くと、ピカピカになって完成!!　うまくできているでしょうか。

（手前左から）鯖江市のお友だち、メガメガくん、ウルウルちゃん、ちかもんくん、さばにゃんと。

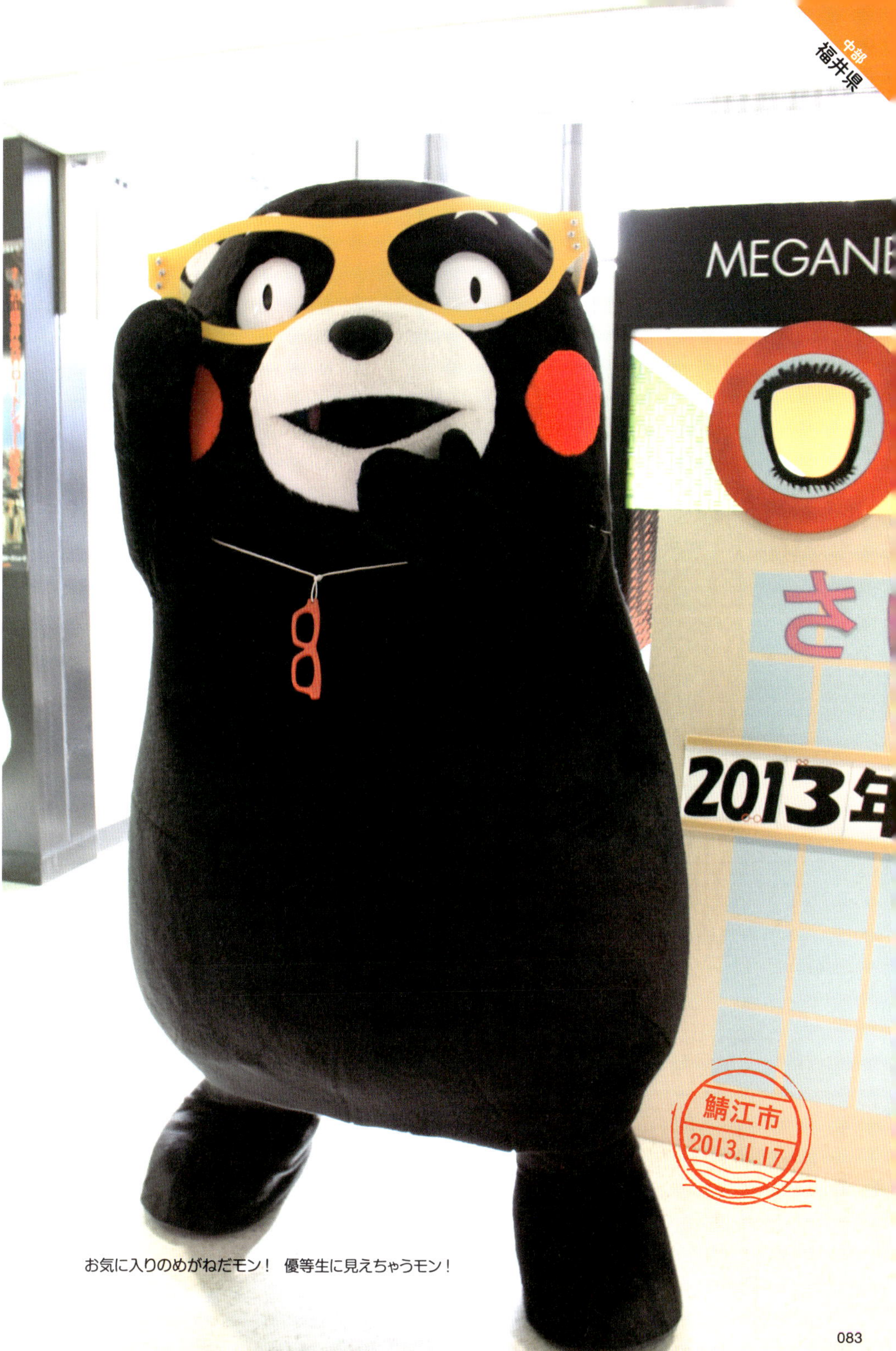
MEGANE
さ
2013年
鯖江市
2013.1.17

お気に入りのめがねだモン！　優等生に見えちゃうモン！

岐阜県

GIFU

世界遺産の白川郷をはじめ、岐阜県には歴史的な街並みや文化が多く残っています。温泉とグルメと魅力いっぱいの飛騨高山を訪れました。

陣屋前広場ステージではダンスやショーで大盛り上がり！「たくさんのお友だちと一緒で楽しかったモン！」

「ゆるキャラ®クリスマスin飛騨高山」に参加

飛騨高山旅館ホテル協同組合100周年記念のイベントとして開催された「ゆるキャラ®クリスマスin飛騨高山」。開催期間は、古い街並みでの提灯ライトアップも行われていて、とても風情のあるクリスマスでした。

高山陣屋の入口。たくさんの人が集まり、くまモンに声をかけてくれました。「ボク、くまモンだモン。よろしくだモン！」

めずらしい古い街並みに興味津々。「わらじを履いて歩いたモン」

右から、高山市のお猿のくぅ、岐南町のねぎっちょ、飛騨高山のひだっち、岐阜県のミナモ。近隣のご当地キャラが大集合。

お友だちにいっぱい会えて、いつもより楽しいクリスマスになりました。

ステージではお猿のくぅちゃんと。「一緒に熊本をPRだモン！」

「高山ゴキゲンフェスタ」のときのお散歩スナップ

高山市
2012.9.30

「高山ゴキゲンフェスタ」は、大きな布やトイレットペーパー、バルーンを使って、思いっきり遊ぼう！という子ども無料イベントです。イベントの合間、くまモンは高山の街をお散歩していました。

飛騨高山のシンボル赤い欄干の「中橋」。宮川を眺めながら、てれーっとするくまモン。

勝手に食べ始める、くぅちゃんをたしなめるくまモンですが。でもやっぱり気になる様子。「うまかね？　ボクも食べたかモン」

熊本の赤牛のライバル？　飛騨牛の串焼きを堪能。「まうごつうまかモン！」

宮川を眺めながら（左）。通りで（右）。くぅちゃん、これからもくまモンと仲良くしてくださいね。

愛知県

AICHI

愛知県は“金のシャチホコ”の名古屋城があまりにも有名ですが、ほかにも見どころはいっぱい。くまモンは小牧市のお花のイベントに参加しました。

「あいち戦国姫隊」や「岐阜武将隊　信義徹誠」のみなさんと共演したり、たくさんの方々と一緒にくす玉を割ったり。「セレモニーを盛り上げたモン！」

「バラ・アジサイまつり」オープニングセレモニーに出演

くまモンは、小牧市総合公園の市民四季の森にある水辺の音楽広場で開催された「バラ・アジサイまつり」のオープニングセレモニーに招かれました。

小牧発祥！名古屋コーチンPRキャラクター「こまちん」と一緒にくまモンショー。熊本PRもばっちりです。もちろん、元気に「くまモン体操」も踊りました。

関西

くまモンは関西にはよく出張します。いちばん多いのは、ファン感謝デーも行われた大阪府。2014年は、ミニマラソンも走りました。滋賀県のご当地キャラ博にも行ったり、兵庫県では高校生たちと一緒に活動しました。

滋賀県 SHIGA

滋賀県は日本一大きい湖「琵琶湖」で有名。また、ご当地キャラにとって、毎年秋にイベントが開かれる彦根市(90ページ参照)は、聖地になっています。

「熊本応援フェスタ in プロムナード青山」を訪問

くまモンは、大津市にあるビレッジ型オープンエアモール「プロムナード青山」のお祭りに行ってきました。「熊本応援フェア」のお手伝いと、握手会や撮影会でお客様ともいっぱいふれあうことができました。

彦根市のビバシティ専門店街キャラクター・ビバッチェくんも遊びに来てくれたのですが、お客様と同じように握手会と撮影会の整理券を持って登場したので、くまモンもびっくり！

「くまもと名産品やくまモングッズなど、限定品もいろいろあって、お客様も楽しんでくれたみたいだモン！」

「ワゴン車から登場だモン！」

Special Report

ご当地キャラ博 in彦根2013 雨に負けないモンの巻

10月20日はあいにくのお天気。午後のくまモンのステージでは雨足も強まりました。くまモンとお姉さんは屋根の下だけど、お兄さんはなぜかテントの外でかわいそうです。「がまんだモン」と、くまモン。

彦根市 2013.10.20

2013年10月19日と20日の2日間、日本中のご当地キャラ237体が集まって、「ご当地キャラ博in彦根2013」が開催され、多くのイベントが行われました。ここでは2日目の模様をお伝えします。

大雨でも行われたくまモンステージ

舞台の後ろを通っていく、くまモン。このとき舞台ではメロン熊が出演していました。

「次はボクの番だモン。準備は万端だモン」と自分のステージを待つくまモンです。

さあ、くまモンの番です！ 豪雨でお姉さんのカッパもびっしょり。

タオルを頭からかぶり舞台に向かいます。

怪盗白ずきんのように舞台に登場したくまモンです。

くまモンステージ開始です。くまモン体操（いちばん上の大きな写真）の合間に、得意技ガリガリでメタボ対策を披露します。

みんなで記念撮影。雨合羽のご当地キャラも

「ボクだけ写してだモン!」と集合写真からひとり離れるくまモン。

写真左:前から、ゆっぴ～、いが☆グリオ、わたる。左後ろから、ツヌガ君、Pマン、ぴーにゃっつ、星のあまん、くまモン、ガラスケ。「ほかにもたくさんのお友だちに会えたモン!」

ステージが終わって――豪雨のなかでもおちゃめにファンサービス

記念撮影終了です。お姉さんたちがタオルを持って待っています。

頭が濡れたままで、あちこち行くくまモン。風邪引いてしまいそう。

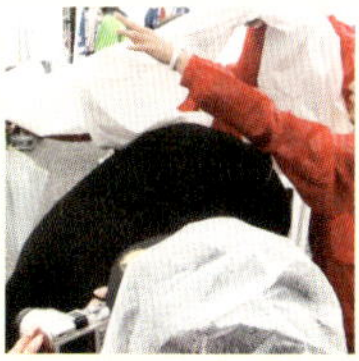

さあ、タオルを頭からかけて、濡れた頭と体をふきましょう。

白ずきんちゃんです。よーく体をふくんですよ。

ぴーにゃっつと遊んでいます。「持ってるもの貸してだモン」とおねだり。

「とっちゃったモン」。くまモンは他のキャラの持ち物をよく借ります。

「遊びに行きたいモン」とスタッフにだだをこねるくまモンです。

「雨降ってるからお外は濡れちゃうけん」とお姉さんに叱られます。

あ!

大雨の中
ファンの
方向に
逃走

「あ!」とスタッフが叫んだときには、くまモン、雨の中を駆け出していました。

雨が降ったって、ファンサービスは忘れません。でも、風邪ひかないで。

「そろそろ帰るばい」とお姉さんから、促されるくまモンです。

「またね～」とくまモン控え室テントに入ります。また会おうね!

京都府
KYOTO

日本の古都を今に伝える京都。世界遺産や重要文化財がたくさんあります。そんな歴史深い京都にも、くまモンはあちこち元気を届けに行きました。

「おいしい！」を旅する That's great! 南九州の応援

グランドプリンスホテル京都で開催された南九州のフェアに、鹿児島県のぐりぶー（写真右）と宮崎県のむぅちゃん（写真左）と一緒に応援しに行ってきました。

会場には、南九州３県の物産ブースが並んでいて、名産品がいっぱい。熊本のうまかもんやくまモングッズももちろんありました。ステージでは各県のPRタイムがあって、くまモンは「くまモン体操」を元気に踊ってきました。

「TSUBASU 春祭り 2013」にくまモンが登場！

「子供たちの笑顔が見たいんや！」がテーマのお祭りと聞いて、それはぜひぜひお手伝いしなければ！と嵐山東公園に行ってきたくまモン。開会式から元気に参加して、物産ブースでも熊本PRに大忙しでした。

司会のお兄さんとも絶妙なかけあいで、会場も大盛り上がりだモン！　子どもたちの笑顔もいっぱい見られて、うれしかったモン。

ステージのくまモンタイムでは、司会のお兄さんたちも巻き込んで、「くまモン体操講座」だモン。みんなむしゃんよかモン（かっこいい）！

丹後あじわいの郷「月例祭」──ご当地キャラが大集合！

毎月第3日曜日に開催している「月例祭」。この月はパワーアップして、たくさんのお友だちが大集合。ステージではゲーム大会や観光PRタイム、その後はステージを降りて、お客様とふれあいタイム。写真撮影会もありました。

京丹後市
2013.6.16

写真右下：左からドッコちゃん（福知山市）、ゆうさいくん（舞鶴市）、まめっこまいちゃん（与謝野町）、ふなやん（伊根町）、まゆまろ（京都府）、コッペちゃん（京丹後市）、お玉ちゃん（長岡京市）、明智かめまるくん（亀岡市）、まるいの（篠山市）、丹波竜のちーたん（丹波市）。みんな仲良しだモン！

京都タワーにたわわちゃんを訪ねたわけは

京都タワーの展望室に、熊本産イ草の畳チェアが設置されたと聞いて、見に行ってきました。たわわちゃんと一緒に仲良く座って、すっかりくつろいでしまったくまモンでした。

京都市
2013.9.21

熊本産のイ草は、日本全国で90%以上のシェアを誇る名産品だモン。そのイ草を使った畳チェア、思わず寝っ転がったくらい気持ちよかったモン。たわわちゃんと手をつないで、しばらくほっこりしちゃったモン。

国内屈指のチア、梅花女子大学チアリーディング部とのコラボステージは感嘆のため息続出。くまモンも上がった！

Special Report

くまモンファン感謝デー［OSAKA］

「くまモンファン感謝デー」（主催：熊本県／産経新聞社／サンケイスポーツ）

関西地方のくまモンファンが詰めかける「くまモンファン感謝デー」が、大阪市浪速区の湊町リバープレイスで2014年2月8日、9日の両日開催。くまモン尽くしの2日間。アトラクションも多く、多くのファンで盛り上がりました。

お・も・て・な・し

くまモンがファンへの「お・も・て・な・し」に挑戦！ぼけとつっこみの演技に観客の笑いが！（8日）

おは「大喜利（おおぎり）」

「上流から流れてきたものは？」という質問に、「熊本城」と自信満々に答えを書いて、会場とお姉さんを絶句させたくまモンです。「だってそう思ったんだモン」ととぼけています。ほかにも珍解答が！

もは「模写」

お題はくまモンの写真の模写。足から描くという思わぬ展開。くまモンの丸いほっぺも赤く塗って、なんとかまとめました。

ては「テーブルクロス引き」

お姉さんの失敗を横目に自信満々のくまモン。ジュースを飲んで余裕しゃくしゃくでしたが、あえなく失敗。落ちたものをテーブルクロスで包んで逃亡です！

なは「なわとび」ですが

「な」はなわとび。でも、雨天で中止で、「な」の箱にはなんにもありません。

しは「締めの一発」

「し」は締めの一発ということで「叩いてかぶってジャンケンポン」。くまモンは2-1で勝利。

1

関西Style Kumamon Collection

ファンからの応募作品9点も含んだファッションショーです。
1最初は千成瓢箪ファッション。陣羽織と千成瓢箪をコーディネイトしてみました。

2

3

4

5

6

7

8

9

10

11

2丁稚どんファッション　3南海ホークスファッション　4あったからしれんこん♪ファッション　5くまもとグリーン農業のファッション　6熊本の赤第1弾　イチゴモン営業部長ファッション　7熊本の赤第2弾　夏が待ち遠しいモン！ファッション　8熊本の赤第3弾　まさかりかついだモン太郎ー♪ファッション　9しあわせ部長第1弾　オリンピッくまモンファッション　10しあわせ部長第2弾　バレリーナで白鳥の湖 おどるモン！ファッション　11しあわせ部長第3弾　キューピッドファッション

くまモンバンドライブ！

次は
武道館だモン！
He's
Kumamon
くまモン！
アンコール！
ジャーン！
だモン。

初日だけスペシャル！　伝説のくまモンバンドが復活！　みんなノリノリでした！

ご当地キャラ運動会

くまモンのお友だち、ご当地キャラで運動会。玉転がしや、ボール運びなど、子どもたちも参加して、みんなで楽しく運動しました。

持って運ぶモン！
息がとっても
合ってるモン。

くまモンチャレンジ

2日目、くまモンがいろんな競技にチャレンジしました。

平均台簡単だモン！
リンボーダンス
だモン！
タオル
投げ入れる？
1段は、
楽勝
だモン！
跳び箱6段、
高すぎるモン！

5点、5点、5点、
5点、5点、
満点だモン！

くまモンの得意技は反復横跳び。軽やかなステップでお姉さんに大勝利！　勝利の雄叫びも!!

おもてなし武将隊イス取りゲーム

くまモンが熊本城おもてなし武将隊と土佐おもてなし勤王党とイス取りゲームを！　回りながらじーとイスを見ているくまモン、かわいいです。

全員参加！くまモン体操でエンディング

梅花女子大学チアリーディング部による「アリガトウ」でファンのみなさんに感謝の表現。まわりには、お友だちのご当地キャラも集まっています！

梅花女子大学チアリーディング部の学生と、ご当地キャラ、そしてくまモン全員で、くまモン体操でエンディングを飾りました！

同時開催！「くまもと逸品縁日」で熊本のおいしいもの、観光PRがいっぱい

ステージにも立った、八代よかとこ宣伝隊の白石壯一さん。晩白柚（ばんぺいゆ）がこんなに大きいなんて。

上天草ブースでは、湯島大根を宣伝。

小国町の杖立温泉では指湯を持ってきた！温かくて気持ちがいい！

くまモンのラベルの焼酎を販売、白岳ブース。

津奈木ブースでは、九州以外ではめずらしい、スイートスプリングを販売。

番外編

くまモンのお友だち、せとちゃん（瀬戸市）のPRのお姉さん。

太平燕がこんなにおいしいものだとは！平打麺もきれいです。

大阪府
OSAKA

昔から大阪は、「天下の台所」と呼ばれてきた街。おいしい食べ物がいっぱいです。くまモンは熊本のうまかもんをいろいろPRしてきました。

奈良県マスコットキャラクターのせんとくん（左）、食博のメインキャラクターのフッピーと。

4年に一度の食の祭典「'13食博覧会・大阪」にくまモンも！

大阪市住之江区
2013.4.29

大阪で開催された「'13食博覧会・大阪」にくまモンも参加。このイベントは、日本はもちろん世界中の食べ物が集まる食の祭典で、4年に一度開催されているものです。今回のテーマは「食でつなごう日本と世界」。食が取り持つおいしくてしあわせなつながりを求めて、たくさんのお客様が来ていました。くまモンも熊本のうまかもん、紹介してきました。

フッピーと抱き合うくまモン。黒と白のコントラストが目立ちます。会場はインテックス大阪。

ポピアンと一緒

堺市
2013.5.18

熊本県大阪事務所で堺市都市緑化センターイメージキャラクターのポピアンとツーショット！

イトーヨーカドー津久野店の熊本フェアに登場！

写真はイトーヨーカドー津久野店の売り場に置いてあったくまモンのプロフィール入り特製プレート。「売り場を回って、うまかもんをアピールしたんだモン」とくまモン。

大阪市浪速区
2013.9.7

「第6回百年縁日」のPRをお手伝い

新世界で9月7日に開かれた「第6回百年縁日」のPRのため、太子町のたいしくんと一緒に新世界を訪問。大の仲良し、新世界マスコットキャラクター・くしたんとお絵かきをして、くまモン大はしゃぎ。

大阪市浪速区
2012.2.20

くしたんと新世界をお散歩

「大の仲良しのくしたんは、新世界の串カツばPRしてるモン。だから、くしたんのお散歩にくっついてって、新世界を案内してもらったモン」とくまモン。

モンタクロースと仲間たち

大阪市中央区
2012.12.2

「サンタさんだらけで、びっくりだモン！」とくまモンは目を丸くしています。このイベントは、「Osaka Great Santa Run（大阪グレートサンタラン）」といって、参加者全員がサンタの格好をして大阪城の周りをランニングするチャリティーイベントです。参加費の一部は病院でクリスマスを過ごす子どもたちに役立てられました。

みんなに元気を届けるモン！

2013年にも開催され、こちらの写真は2013年の様子。

写真提供：
一般社団法人OSAKAあかるクラブ主催
「OSAKA GREAT SANTA RUN」

Run
「モンタクロースの格好して一生懸命応援したんだモン！」

温泉で「熊本フェア」

箕面市
2013.5.26

天然温泉　箕面湯元「水春」で「熊本フェア」が行われ、くまモンも出かけました。

温泉入りたかったモン！

お友だちの、箕面の柚子イメージキャラクター、滝ノ道ゆずるくんとPR合戦したモン！

箕面湯元
水春

滝ノ道ゆずる くまモン
Yuzuru&Momijiinu と モミジーヌ Kumamon
箕面
熊本
Follow us on twitter!!

箕面まつりの記念に、シールを販売（200円）。

「箕面まつり」で♪ はっぴーばーすで〜

「第28回箕面まつり」に参加したモン。滝ノ道ゆずるくんは7月26日が誕生日なんだモン。石切参道商店街振興組合のキャラクター・いしきりんちゃん、静岡県富士宮市のさくやちゃん、新潟のレルヒさんも駆けつけて、お祝いしたんだモン。

箕面市
2013.7.27

で愛、ふれ愛、笑顔をつくる みんなのまつ

奈良県
NARA

日本の歴史に欠かせない奈良県。どこに行っても歴史の香りがします。くまモンも「日本の歴史も学びたいモン」とがんばっています。

奈良マラソンの事務局を訪問

奈良市
2013.8.7

2014年2月に開催された「熊本城マラソン2014」のPRのために、奈良マラソン事務局を訪問。みなさん、あたたかく迎えてくださいました。

大先輩のせんとくんにお出迎えしてもらったくまモン。熊本城マラソンのマスコットキャラクター・きよくまくんも一緒に記念撮影です。

熊本城マラソンキャラバン隊からのご挨拶。「よろしくお願いしますだモン」とくまモン。

藤原宮跡の巨大迷路におでかけ

橿原市
2012.11.4

歴史巨大迷路「藤原京ラビリンス」の会場にお邪魔しました。熊本PRコーナーでは、熊本名産品のジェスチャークイズ大会でモンバイザーをプレゼント。みなさんに喜んでいただけました。

ジェスチャークイズ大会では、くまモンは小さいお友だちの珍解答にタジタジ。

橿原市観光PRキャラクターこだいちゃん（左）とさららちゃん（右）とも仲良くなれて、「うれしいモン」とくまモン。

楽勝だモン！
オンセンシャー
伴走スタッフ

ファンと一緒にくまモンが走ります。くまモンの帽子をかぶっているファンも多いですね。

Special Report

大阪エンジョイRUN

大阪国際女子マラソン

3.2km完走！

東住吉区
2014.1.26

2013年11月、「くまモンが大阪でミニマラソンを走る」という報道にファンがびっくり。そして2014年1月、大阪で3.2kmのミニマラソン（「大阪エンジョイRUN」）にくまモンが挑戦！　練習の成果はあったのでしょうか？

「大阪エンジョイRUN - 大阪国際女子マラソン」　主催：関西テレビ放送／産経新聞社／サンケイスポーツ／ラジオ大阪

まだまだ
がんばるモン！

雨の中、途中歩いてしまったくまモン。でも最後まで走ります。

戻ってきた
モン！

長居陸上競技場に戻ってきたくまモン。小さなお友だちと手をつなぎながら走ります。ゴールはもうすぐ！

サンくまー☆
だモン！

「完走したモン！」と一緒に走ったファンと歓声を上げるくまモン。ポーズも決まっています！

入場から感動のゴールまで一挙紹介！

実況中継

長居陸上競技場をスタートし、外周コースを走り、また競技場に戻ってくる3.2kmのコースを走ります。天候はあいにく曇りときどき雨。時間を追いながら、くまモンの活躍を見てみましょう。

08:34
トラック内に登場！
長居競技場に到着したくまモン。赤いはちまきがよく似合っています。お天気が気になるところです。

08:35
師匠に感激の再会
2013年11月にマラソンの指導をしていただいた、大阪陸上競技協会の北田耕之先生と再会！

08:37
司会の関西テレビ高橋真理恵アナウンサーとお話しするくまモン。お姉さん、よろしくお願いいたします。

08:41
第33回 大阪国際女子マラソン
2014 Osaka Women's Marathon
さあ、出場者がゲートから列を組んで入場してきました。くまモンは歓迎の準備のはず。

08:42
みんなで応援。写真はしまねっこ（島根県）、坂本龍馬くん（高知県）、とり奉行 骨付じゅうじゅう（香川県丸亀市）、すだちくん（徳島県）。

08:47
出場者を拍手して迎えるくまモン。今回のエンジョイRUNの出場者は1500人だそう。

08:58
ここにいるモン！
競技場に出場者がそろいました。くまモンはどこにいるかな？　赤と黒のコントラストで探します。

09:00~
とっても参考になるモン。
高橋尚子さんによるランニング前の注意事項の説明。くまモンも真剣に聞いています。

09:05~
大雨の中くまモン体操
くまモン体操で体をほぐしましょう！なんと、体操が始まった瞬間、大雨が降ってきました。雨男はだれ？

09:14
スタート直前です！　威勢よく張り切っていきましょう。くまモンめちゃくちゃ元気です。

09:15
START!
スタートしました。競技場のトラックを走り、競技場を出て行きます。

09:16
ゲートに向かって順調にペースを上げます。そして、公園の周りを走り、再び競技場へ戻ってくる予定です。

09:18
軽やかに
RUN!
ゲートを出た直後。先頭集団から遅れること1分。だんご状態の集団の中にくまモン発見！軽やかに走っています。

09:19
くまモンファンに囲まれながら走るくまモン。後ろには、城崎泉隊オンセンジャーがぴたりと付いています。

09:21
ちょっとペース落ちてきたかも。雨も上がり、薄日が射してきました。レースはこれからです。

09:33

こちらゴール方面
沿道沿いの2カメです。

くまモン来ません！

大丈夫でしょうか？

こちら2カメです。先頭集団はすでに競技場に入りました。しかしくまモン、現れません。コースを遡ってみたいと思います。棄権でしょうか？

09:38
歩いて
います！
遡ってますが、くまモン現れません。あ、歩いている集団がいます。城崎泉隊オンセンジャーです。黒いものも見えます。くまモンです !!

09:41
沿道の声援が高まってきました！　くまモンがんばって！　という声があちらこちらから聞こえます。歩いてもいいからゴールしてほしいものです！

09:45
再び
走り
始める！
ゴールの競技場に近づいてきました。くまモン、走り始めました。がんばれ！　前畑 !!（古い）がんばれ！　くまモン！　競技場はもう少しです。

09:46
競技場に
戻って
きた！
くまモン、競技場のゲート横まで戻ってきました。感激です！　途中、雨の中、歩きはしましたが、大健闘 !!　ゴールまであと少しです！

09:49
GOALに
向かう！
ちっちゃなお友だちと手をつないでゴールに向かいます。もう、みんな感動の涙で目がうるんでいます。さすがくまモン！

09:50
GOAL!
ゴール！　やりました！　くまモン。3.2km、歩きはしましたが、完走！　タイムは35分30秒です！

09:55
同じく完走したイヌナキン（泉佐野市）、城崎泉隊オンセンジャーとガッツポーズ！

09:57
マラソン女子に囲まれてご満悦なくまモン。走ってよかったモンって思っていることでしょう。

09:59
スタンドのファンに挨拶した後、フィールドから去るくまモン。次は囲み取材です。

10:00
ヒーロー
インタビュー
「練習の成果は？」という質問に、「ちーと」のポーズ。その後あわてて、親指を立て「がっつり」のポーズ。

10:03
控え室に
退出
競技場の控え室に退出。途中で女子高生に捕まり、写真を撮らせてあげるくまモン。お疲れさま！

RUNが
終わって

エンジョイRUN後もファンサービス！

ミニマラソンを完走したくまモン。走った後と感じさせないほど、元気いっぱいにステージ出演。くまモン体操は踊りませんでしたが、ファンサービスも忘れずに。また、夕方には大阪の豊中市でお仕事。くまモン、ありがとう！

10:15
再び登場
だモン！
控え室から再び現れてくまもとブース方面に歩いていきます。

10:17
くまもとブースにたどり着きました。カメラ視線がかわいいです。

10:18
またね！
ブースにいたのは1分程度。くまモン、消えます。

11:00
くまもとブース前でステージが開始。

11:10
同じ顔だモン。
突然、ファンから借りたくまモンの風船を振り回します。

11:14
ステージが終わって、去りゆくくまモン。

11:18
ひたすら歩いて帰るくまモン。

11:20
途中子犬に会いました。

11:22
リンボーダンス
だモン！
いきなりリンボーダンスのまねをして、お姉さんに怒られるくまモン。

11:23
「またね〜」の挨拶でくまモンと別れます。

11:24
駐車場の奥でもお辞儀や手を振ってくれました。

夕方、千里中央駅すぐのせんちゅうパルでイベント。お疲れさま！

豊中市
2014.1.26

16:30~16:47
まだまだ
元気だモン！
九州沖縄観光物産展
本日最後のお仕事。大阪の豊中市、せんちゅうパル南広場で、九州・沖縄観光物産展のステージ。

16:52
帰るわよ
「さあ、帰るわよ。いそいで！」とお姉さんに引かれて、退場。今日はお疲れさまでした。

兵庫県
HYOGO

兵庫県は、明石大橋や甲子園球場で有名。六甲山から見る神戸の夜景の美しさも有名です。くまモンは、高砂市で高校生と一緒に活動しました。

女子高生のサンタ姿は、
とってもかわいいモン！
熊本のスモモを
高砂市
2013.12.24

「ボクも熊本の「いきなり団子」を宣伝したモン。高校生に混ざって打ち合わせしたり、POPを作ったり、販売したり、ホントに楽しかったモン！」

高校生と「熊本を食べつくそう　by松の子本舗」

兵庫県立松陽高校では、起業家育成を目指したアントレプレナー教育をしています。その一環として、12月に実習店舗「松の子本舗IX」を出店し、地域活性化に向けて取り組みました。24日には「熊本を食べつくそう　by松の子本舗」というイベントを開催。くまモンも一緒に熊本のおいしいものをPRしました。

「松陽高校のみなさんと一緒に踊った、くまモン体操はすごか～モン!!　こんなにたくさんの高校生と踊れて、ボクも感激だモン！　先生もノリノリでポーズしてくれて、楽しかったモン！」

サンタの服装は、
高校生の手作りだモン。

「兵庫県高砂市のマスコットキャラクター、ぼっくりんとも交流したモン。
松の子本舗でのPRは楽しかったモン！ またお呼ばれされたいモン」

くまモン
城崎温泉に出張〜

豊岡市
2012.6.17

くまモンは、豊岡市マスコットキャラクターの玄武岩の玄さんにお呼ばれされて城崎温泉のPRに。城崎泉隊オンセンジャー、玄さんたちと一緒にくまモン体操と記念撮影、ミニパレードもしました。

「城崎温泉ふるさと祭り」で
くまモンのショー

「第36回城崎温泉ふるさと祭り」で、玄武岩の玄さんと再会。「呼んでくれて、サンくまー☆」とくまモン。

豊岡市
2012.8.6

和歌山県
WAKAYAMA

和歌山は果樹王国と言われています。特産品「南高梅」の梅干しはとても有名。おいしいみかんの産地が、和歌山と熊本の共通項です。

熊本のうまかもん、どんどん買ってだモン。
和歌山市
2013.8.5
大創業祭
するめいか
100

売り場に出て、くまモン販売のお手伝いです。「熊本のうまかもん、買ってくださいだモン！もちろん写真撮影もOKだモン」とくまモン。

マツゲンで「熊本フェア」の応援

スーパーマーケットのマツゲン和歌山インター店と岩出中黒店で開催された「熊本フェア」の初日に、くまモンは応援に駆けつけました。売り場のあちこちに熊本産の商品がまとめてディスプレイされていて、くまモンもとっても感激していました。

熊本
フェア
開催中
和風パスタ

熊《くま》本《もと》
フェア
開催中
熊本のうまかもん集めたモン
開催期間 8月5日(月)～9日(金)

熊本のうまかもんがいっぱい並んでいます。くまモンは「キャンディとか、ラーメンとか、迷うほどあって、うれしいモン」と感激していました。

和歌山インター店・岩出中黒店限定企画
くまもとフェア開催
8月5日(月)～
8月9日(金)
熊本県の営業部長!
マツゲンに
くまモンが
やってくる!
くまモン出没日時
8月5日(月)
和歌山インター店
①10:00頃～
②12:00頃～
岩出中黒店
16:00頃～
奥様！
熊本のものは
うまかモン！
お魚コーナーでも宣伝にいそしむくまモン。

熊《くま》本《もと》フェア
干物やわかめなどの海産物もあります。くまモンのおすすめは「あじみりん干」です。

岩出中黒店にもくまモンは訪れました。

「熊本県産味彩牛で、今夜はすきやきしないかモン？　おいしかモン」

三重県
MIE

世界遺産の「熊野古道」で有名な三重県。お伊勢参りも素敵ですが、くまモンは伊勢海老が気になっているとの噂です。

こにゅうどうくんがくまモンを描いてくれました。「とっても似てるモン！」ってくまモンは喜んでいます。

四日市市
2013.1.10

四日市の こにゅうどうくんとお仕事

四日市市の近鉄百貨店で「九州の大物産展」。応援に行ったら、四日市市マスコットキャラクターの「こにゅうどうくん」も来てくれて、一緒に盛り上げてきました。

物産展で、熊本のうまかもんやグッズのPRをする合間に、こにゅうどうくんと遊ぶくまモン。「今度は熊本にも来てほしいモン」

中国 四国

くまモンは「フラワーフェスティバル」や「酒まつり」などで何度も広島県を訪れています。お友だちの山口県PR本部長のちょるるや、バリィさんがいるのもこの中国・四国地方。九州からはひとっとびです。

広島県
HIROSHIMA

中国地方でいちばん人口が多いのが広島。くまモンの熱心のファンが多いのも広島。広島市だけでなく、いろんな市町村を訪れました。

広島市
2013.9.4

「マツダスタジアムは、広々としてて、気持ちよかったモン！」

マツダスタジアムで南九州三県の観光PR

マツダスタジアム（広島市南区）で、熊本県、宮崎県、鹿児島県が合同で観光PRを展開。くまモンも応援に駆けつけました。

宮崎県のマスコットキャラクター、みやざき犬のむぅちゃんや、山口県山口市の伝統工芸品大内人形をモチーフに誕生した観光PRキャラクター、うっち～ちゃんも来ていました。「かば広場で、かばに乗ってご満悦だモン」

「フラワーフェスティバル」でパレードに参加

くまモンは、「2013ひろしまフラワーフェスティバル」に行ってきました。オリーブステージをはじめ、いろいろなステージで熊本のPR。5日は目玉イベント「きんさいYOSAKOIパレード」（写真）にも参加。花車に乗って、くまモンはうれしそうでした。

鹿児島のお友だちのぐりぶーと一緒に、花車で出発！
隣で手を振るのは、2013日南サンフレッシュレディの岩下真里奈さんや、第31代 宮崎サンシャインレディの長友祐希美さん、第8代かごしま親善大使の安田美里奈さん。
広島では天気もよくて、たくさんのお客様が来てくれました。「今度は、みなさん熊本に遊びに来てほしいモン！」

2012年度と2013年度のひろしまフラワーフェスティバル　フラワークイーンに囲まれてご満悦なくまモン。

「広島はたいがなよかとこだモン。また遊びにきたいモン！」

東広島市西条
2013.10.12
くまモン隊
のん太
観光特命大使
賀茂鶴
酒まつり

2013年10月12日と13日、東広島市で「2013酒まつり」が開催。くまモンは、東広島市観光特命大使、のん太くんと一緒に、酒まつりを盛り上げたモン。（写真はいずれも10月12日）

祭

「2013酒まつり」に登場！

東広島市西条駅周辺は、賀茂鶴をはじめ造り酒屋で有名です。ここでは毎年日本酒のお祭りが催されます。くまモンはお酒を呑めないけど、熊本の観光物産PRに駆けつけました。

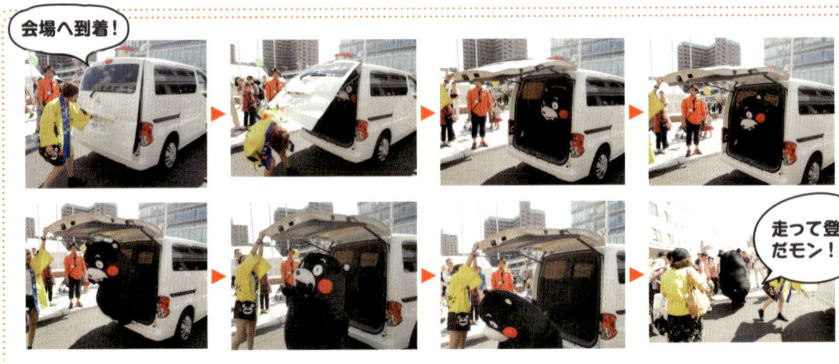
会場へ到着！
走って登場だモン！

くまモン。
大きくなったら
お酒呑もうよ。
2013

「ステージでは、東広島市観光特命大使、のん太くんと一緒に、くまモン体操踊ったモン。のん太くんは手にお銚子をもってるモン」

「熊本のパンフレットをくばったり、じゃんけんしたり、大忙しだったモン」

いろんなところで
PRしたモン！

「FM東広島にも出演したモン」

「大きい太鼓とでんでん太鼓を叩かせてもらったモン。ボクの太鼓、どぎゃん？　うまかモン！」

くまモン vs ブンカッキー！

くまモンは、広島県庁キャラクター総選挙1位のブンカッキー（けんみん文化祭ひろしまマスコットキャラクター）と、熊本・広島両県をもっと知ってもらおうと、PKや相撲で対決を行いました。残念ながら、2012年10月12日の第1ラウンドで負けてしまったので、リベンジをかけて10月26日、広島県庁前で再び勝負！ 第2ラウンドは、「長縄跳び」や「相撲」で圧倒し、大勝利をあげたくまモンでした。

リベンジをかけてくまモンがブンカッキーに送った挑戦状。

広島市
2012.10.26

まずは、熊本の宣伝を行いました。

長縄跳びでは、くまモンの圧倒的勝利。

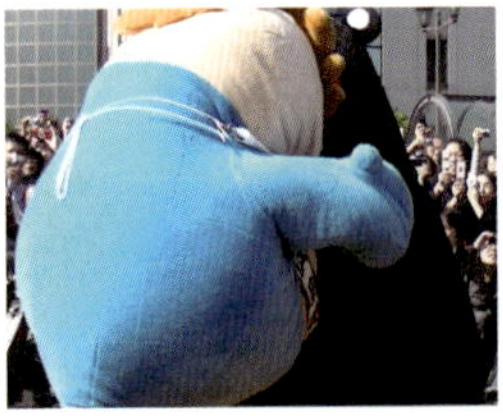

「お相撲でも勝っちゃったモン！」

健闘をたたえあうくまモンとブンカッキー。

「天皇盃第18回全国男子駅伝」を応援！

「天皇盃第18回全国男子駅伝」で、熊本県代表を応援しようと、くまモンも駆けつけました。写真は、広島県庁「全力歓迎課！」のひとびと。一緒に「おしい！広島県ダンス」を踊りました。

広島市
2013.1.20

くまモン
広島市
2013.4.29

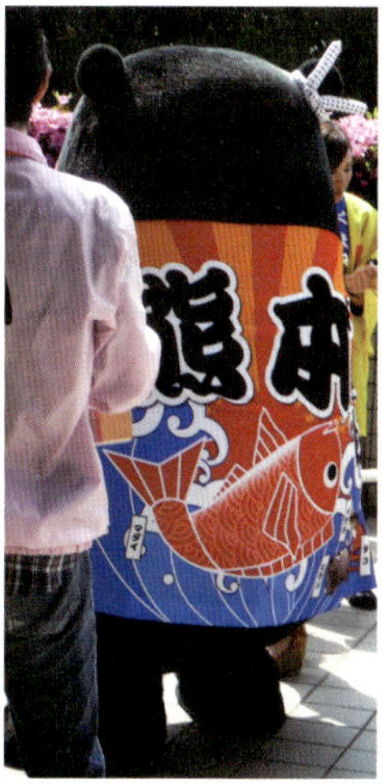

「ひろしま菓子博2013」でPR

「『ひろしま菓子博2013』で、熊本のお菓子ばPRしたモン！」

お菓子食べたかったモン…

海づくり大会の衣装を着て、颯爽と登場！

そごう広島店「大九州物産展」のお手伝い

そごう広島店で開かれた「大九州物産展」のお手伝いに行きました。

広島市
2013.5.28

「特設ステージで、『くまモンもん』を踊ったモン！」

「天皇盃 第19回全国男子駅伝」も応援！

熊本がんばれ！だモン！
広島市
2014.1.19

「ブンカッキーとまた会ったモン」

熊本県
くまモン

「2014年も駅伝を応援したモン」

大竹市玖波のスーパーOSサニーを訪問

広島県大竹市
2013.9.5

ふでりんは、広島県「熊野町観光大使」。筆の里工房の嵯峨天皇の筆がモデルです。

岡山県

OKAYAMA

岡山県は、九州・山陽新幹線に乗れば熊本からもすぐです。くまモンは旅のフェアのPRをしたり、展覧会の開会式に出席したりしました。

開会式の後は、岡山県マスコットのうらっちがくまモンを労ってくれました。「うらっちに会えて、うれしかったモン」

「永青文庫　細川家の名宝展」の開会式に出席

岡山県立美術館で「永青文庫　細川家の名宝展」が始まると聞き、くまモンは開会式に出席しました。細川家というのは江戸時代、代々熊本のお殿様を出した家柄、熊本県に深いつながりがあります。

「夏たびフェアin岡山」で熊本のPR

岡山駅前東口広場で開催された「夏たびフェアin岡山」。関西、中国・四国、九州エリアのお友だちが集まって、それぞれご当地自慢のPR大会。「ボクのステージには、岡山県マスコットのももっち（左）とうらっち（右）が応援にきてくれたんだモン」

岡山県出張「ロケみっか」の巻

岡山市
2011.11.15

11月14日～16日の3日間、「ロケみっか」としてくまモンは岡山のいろんなところを巡って大忙し。なでしこジャパンの練習を見に行ったり、岡山城や倉敷でみなさんと交流したりしました。岡山後楽園では、ももっち、うらっちと会うこともできました（写真）。

鳥取県

TOTTORI

鳥取といえば、鳥取砂丘、中国山地の最高峰、大山、梨などの農水産物で有名です。今回くまモンは砂の美術館に行きました。

お砂遊び？「くまモン体操」だモン！

鳥取砂丘 砂の美術館に初訪問

世界初の「砂」を素材にした彫刻作品を展示している美術館、「鳥取砂丘 砂の美術館」。砂丘がある鳥取ならではです。砂の彫刻で世界旅行を疑似体験できます。くまモンもスケールの大きい砂の彫刻を見て大はしゃぎでした。

「でっかいモン！　ボクの彫刻もあるとうれしいモン！」

鳥取市
2013.7.29

「強小戦士ガイナマンくんも一緒に見学したモン」

「トリピーくん、砂の彫刻、すごかね。また遊びに来るモン」

島根県
SHIMANE

『古事記』のお話の1/3がその舞台である島根県は、神話の国。島根県のしまねっこと仲がよいくまモンは「神話博しまね」にも出演しました。

島根のお姉さんと一緒にしまねっこダンスです。

「神話博しまね」のステージに出演

『古事記』編纂1300年を記念して開催された「神話博しまね」にお邪魔しました。島根県の観光キャラクター・しまねっこと一緒に上がったステージでは、くまモンにとってあっという間に楽しい時間がすぎたようです。

しまねっこダンスとくまモン体操をしまねっこと一緒に踊ったんだモン。

ステージの最後に、手を振ってみなさんにご挨拶。

山口県

YAMAGUCHI

本州の西端にある山口県は、約1,500kmもある海岸線や、秋吉台の鍾乳洞で有名です。くまモンは山口県PR本部長のちょるると仲良しです。

下関市
2013.9.21
阿蘇の魅力が大集合!!
阿蘇ぼうマルシェ

一緒に「くまモン体操」を踊ってくれたのは、山口県のちょるる、下関海響館のファニーペンギーノからペン太とロベルト。「みんなとっても上手だモン！」

阿蘇ぼうマルシェでちょるると一緒にくまモン体操！

シーモール下関で開催された阿蘇ぼうマルシェのオープニングセレモニーにお呼ばれしました。テープカットにも参加しさせてもらって、ちょっと偉くなった気分のくまモンでした。

「湯田温泉スリッパ卓球大会」に参戦！

スポーツ文化センターアリーナで行われたスリッパ卓球大会に行ってきました。意外に難しいスリッパ卓球ですが、参加者のみなさんとっても上手で、くまモンもびっくりしていました！

山口市
2013.4.6

山口商工会議所青年部のキャラクター・ぶちまろが見守る中、湯田温泉マスコットのゆう子ちゃんと、白熱の“エア”スリッパ卓球を繰り広げたくまモン。「ゆう子ちゃんの圧勝だモン、おもしろかったモン」

香川県

KAGAWA

愛称「うどん県」の香川県の名物は、「讃岐うどん」！　海の神様・こんぴらさんも、歌になるほど有名です。くまモンは物産展の応援で香川訪問。

くまモン体操を踊るくまモン。

くまモンと写真を撮ろう

高松天満屋さんの九州物産展の応援に駆けつけました。「くまモンと写真を撮ろう」のコーナーでは、たくさんのお客様とふれあえて、とてもうれしそうなくまモンでした。

元気を届けるには、「くまモン体操」がイチバン。「たくさんのお客様が、ボクの写真を撮ってくれて、モデルさんになったみたいで、気分よかモン」

※高松天満屋は、2014年3月31日をもって閉店しました。

徳島県

TOKUSHIMA

全面積の約８割が山地という徳島県。深くて美しい峡谷「大歩危《おおぼけ》・小歩危《こぼけ》」や剣山など観光地もたくさん。J1の徳島ヴォルティスも有名です。

右手おへそ、左手おへそで、みんなでくまモン体操だモン。

徳島ヴォルティス対ロアッソ熊本戦の応援に！

くまモン、初めて徳島を訪れました。徳島ヴォルティスのクラブマスコットのヴォルタくん、ティスちゃん、応援キャラクターのボールくんと一緒に、ハーフタイムにくまモン体操をお披露目しました。

ヴォルタくんステージでは、すっかり仲良しだモン。

ピッチで踊るくまモン体操は格別。「とっても気持ちよくできたモン！」

愛媛県
EHIME

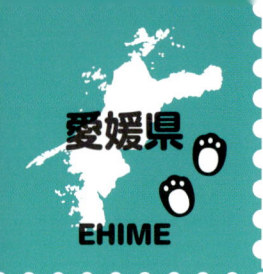

愛媛は気候が温暖で、みかんが名産です。くまモンは八幡浜のイベントに出かけたり、お友だちのバリィさんに会いに今治に行ったりしました。

八幡浜市
2013.11.17

「地域ブランドサミットinやわたはま2013」

全国の特産品やご当地グルメ、そしてたくさんのお友だちのご当地キャラが、道の駅・みなとオアシス「八幡浜みなっと」に大集合。それぞれの地域の魅力をPRしました。

みんなで
写真撮影だモン！

参加した西日本のご当地キャラたち。左から、チョーコクン（山口県宇部市）、みきゃん（愛媛県）、いのとん（愛媛県東温市）、せい坊（愛媛県西予市）、イヌナキン（大阪府泉佐野市）、とべっち（愛媛県砥部町）、はまぽん（愛媛県八幡浜市）、新居浜まちゅり（愛媛県新居浜市）、くまモン、上天草四郎くん（熊本県上天草市）、ちゃちゃも（三重県松阪市）。

みんなも一緒に
くまモン体操だ
モン！

八幡浜市のはまぽんさんは「八幡浜ちゃんぽん」を世界へ羽ばたかせようとしている様子。「がんばってほしいモン！」

つい登ってしまったくまモン。上天草市の四郎くんに止められました。

「今治ABC(えびす)祭2014 ～バリィさんのお友達大集合inいまばり～」

ゆるキャラ®グランプリ2011のときからの大の仲良しバリィさん。大阪ファン感謝デーにも来てくれたバリィさんのところに、今度はくまモンが行きました。ファンのみなさんもたくさん集まってくださって「2日間とっても楽しかったモン！」。(写真は2月15日のみですが、2月16日もくまモンは登場)

今治市
2014.2.15

くまモンと写真を撮ろう

松山市のいよてつ高島屋で「くまモンと撮影会」を開いてもらいました。お店の特設会場では、くまモン雑貨や熊本民芸品も販売されていて、熊本づくしでした。

松山市
2013.4.20

「この日はバリィさんも来てくれて、一緒にハイポーズだモン」。撮影会の後は、おまちかねのくまモン体操。みんな元気に踊ってくれました。

高知県

KOCHI

坂本龍馬ほか、多くの偉人を輩出してきた高知県。四国で最長の四万十川、老若男女が参加する「よさこい祭り」など、見どころがたくさんです。

くまモン営業部長、高知県に出張してきました

くまモンは、2日間で高知県の素晴らしいところを案内してもらいました。たくさんの魅力があふれる高知に感動したくまモンでした。

四万十川で気分はタイタニック!?のくまモン。「ちゃんと屋形船漕いだモン!」

高知市

2013.2.20・21

左上：高知県庁を訪問。「みんなに歓迎されてうれしかモン」

右上：高知県のキャラクター坂本龍馬くん（左）とくろしおくん（右）も、おひさしぶりの対面です。

左下：こうち旅広場のイベントステージにお邪魔しました。

右下：四万十川でカヌーの練習をしました。「よかとこいっぱいの高知だモン」

坂本龍馬くんと坂本龍馬さんの銅像の前で。「えらくなったらボクもでっかい銅像、つくってもらいたいモン」とくまモン。

こうち旅広場にお邪魔しました

高知市
2013.2.21

土佐おもてなし勤王党のメンバーと坂本龍馬くんと記念撮影。かっこよくポーズを決めたくまモン。「どう？　かっこよかろうモン？」

土佐の「おきゃく」にお呼ばれ

高知市
2013.3.3

休憩時間、イベント会場の高知市中央公園でバリィさんにご挨拶のくまモン。

※「おきゃく」とは、高知で「酒宴」のこと

「YOSAKOIフェスティバル&全国ご当地キャラ大集合！」

かごしまPRキャラクターのぐりぶー（左）、豊岡市マスコットキャラクターの玄武岩の玄さん（右）にも会えました。「うれしかったモン！」

高知市
2013.3.2・3

熊本をのぞく

九州沖縄

熊本県を除いた九州地方では、くまモンの福岡県でのPR活動がとても多いようです。熊本の地域別のフェアが開かれるため、くまモンは何度も福岡市にはお仕事に行っています。また大分県も訪れる回数が多いようです。

Special Report

くまモンファン感謝デー

くまもと&くまモンフェスタin大名

ジャンプだモン！

福岡市大名小学校
2014.2.23

2014年ファン感謝デー第3弾は福岡。140年の歴史を閉じる大名小学校で、「くまもと&くまモンフェスタin大名」として2月22日、23日の2日間、開催されました。体育館の特設ステージは、「くまモン体操初音ミクバージョン」でスタート。大阪に引き続いてくまモンのファッションショーもファンのみなさんを楽しませてくれました。

みんな一緒に踊るモン。

くまモン体操初音ミクバージョンです。

くまモン交流会

会場の大名小学校体育館

ころう君と一緒にくまモンもん&くまモン体操ポーズ集

くまモン交流会

なかよしのお友だち、鞠智城のキャラクターころう君と一緒にくまモンもん。熊本（くまもと）と福岡（ふくおか）の「く！」

みなさんと一緒に踊るのが楽しくて、いつも以上にノリノリです。

くまモン交流会

くまモンもん。息が合っています。

ポーズ大会です。サプラーイズ！

よかった！のポーズ

プレゼント抽選会

みなさん、ありがとうだモン

交流会の最後を飾るのはプレゼント抽選会。当たらなかった人もくまモンと握手して、楽しい思い出を持ち帰ってもらいました。

くまモンのファッションショー

くまモンには40着以上の衣装があります。今回はみなさんにその一部をお見せしようと、ファッションモデルになりきってランウェイに登場。自衛隊バージョンの衣装、虫捕り網を持った男の子、土木作業のどぼくまスタイル、防災スタイル、そして最後は自慢の「全国豊かな海づくり大会～くまもと～」のハッピです。

聖火ランナー

大阪のファン感謝祭でも登場した衣装は、くまモンが大好きなお友だちからのプレゼント♪　「これで金メダル狙うモン、サンくま～」

自衛隊

自衛隊とのコラボの思い出。お気に入りの制服です。緑のおもちゃの銃も決まっています。

虫捕りの男の子

大阪のファン感謝祭でも人気だった男の子スタイルです。「夏休みが待ち遠しいモン」

どぼくま

「くまもとの 土木（どぼくま）」スタイル。建設作業員ファッションで頼もしさをアピール。

防災スタイル

非常持ち出しリュックに携帯電話で万全のスタイル。あれれ？ リュックからお菓子がのぞいてます。

海づくり大会ハッピ

くまモンスクエアにも飾られているハッピ。これを着ると九州男児の気分が盛り上がります。

熊本観光物産展

感謝祭では熊本の物産展も2日間にわたって行われました。新鮮な果物やラーメン、いきなりだんご、くまモンの形をした回転焼き風のお菓子など、どれをとってもおいしいものだらけ。「もっと知ってほしかモン」とくまモンも精一杯PRのお手伝いをしました。

福岡県

FUKUOKA

アジアの玄関口、福岡は九州の中心です。くまモンはイベントや物産展で何度も訪れ、「熊本にもっと来てほしいモン」とPRしています。

博多駅で観光PR

福岡市
2013.11.18

博多駅の「どっちゃん行く？　熊本」観光PRに駆けつけました。熊本は海も山も、乗り物である列車のデザインも見所の一つ。くまモンもくろちゃんも、ポスター片手にキャンペーンをアピール、PRの競演を行いました。

阿蘇駅の名誉駅長のくろちゃんはJR九州のキャラクター。本名は「あそくろえもん」です。「一緒に熊本を盛り上げるんだモン」とくまモンとくろちゃん。

くろちゃんとはPR対決で盛り上がりました。素敵な列車ももちろんのこと、車窓の眺めがいいのも熊本の列車旅のよさです。「シャキーン」とくまモン体操のサビを紹介するくまモンとお姉さん。

「くろちゃん、どっちゃん行く？　ボクはね…」、急に2人でコソコソ内緒話。どうやら旅の計画を立てているようです。

福岡 ヤフオク!ドームでくまモンのユニフォーム姿

福岡市
2013.8.31

くまモンとパリーグ6球団のグッズがコラボしました！「福岡 ヤフオク！ドーム」にホークス応援もかねて、グッズPRのお手伝い。くまモンのユニフォーム姿、かわいらしいですね。

Hawks
096

KUMAMON
096

くまモンの背番号は096。実はこれ、熊本の市外局番。どこにいても、熊本の応援は忘れない立派なくまモンです。

人形焼き
くまモン!
本

ドーム内を歩いていたら、くまモンの人形焼きを発見。「熊本県産の材料を使って作ってるんだモン。さぁ、さぁ、買っていかんね〜、おいしいモン！」

「阿蘇千年の草原再生シンポジウムin福岡」に参加

アクロス福岡のイベントホールで「阿蘇千年の草原再生シンポジウムin福岡」が開催されました。くまモンはゲストとして参加し、熊本県の阿蘇の魅力をみなさんに紹介。阿蘇の景観を守るために、少しでもできることを続けようと呼びかけました。

居心地
よかモン！
福岡市
2013.12.3

この不思議なテントは、「草泊まり」。昔は交通が発達していなかったので、農家の忙しい時期だけ集落と草原の移動時間短縮のため「草泊まり」に泊まって作業を行っていたんだそう。藁のにおいに、くまモンは眠くなっちゃいました。

「ホテルニューオータニ博多『2012夏の夕べ』」でPR

NAGASAKI
福岡市
2012.7.20

たくさんのお友だちと熊本県産品をPRしました。左から、大分市高崎山のタッキー、宮崎県のみやざき犬、全国和牛能力共進会長崎県大会マスコットキャラクターのかさべこくん。

「福岡Walker Presents 九州ゆるキャラ® 大集合」に出席

新宮町
2012.11.14

福岡で開催された「福岡Walker Presents 九州ゆるキャラ®大集合」に参加。悪天候のためパレードは中止でしたが、九州各県のお友だちと再会できて楽しそうなくまモンでした。

福岡Walker　発行：KADOKAWA

「キラリかがやけ玉名の日in天神」でお手伝い

福岡市
2013.12.6

福岡市役所西側ふれあい広場北側緑地で「キラリかがやけ玉名の日in天神」が開かれました。熊本県玉名市の観光物産を紹介するために、くまモンもブースに入ってお手伝いです。

いきなりだんご、おいしそうだモン！

くまモンは、熊本名物の一つ、「いきなりだんご」から目が離せなかったみたいです。熊本県玉名市はトマトをはじめとする野菜、いちごやみかんなどの果実の産地で、「キラリかがやけ玉名」は玉名市のブランドメッセージです。

くまモンは、ブースをウロウロしていたら玉名市のキャラクター「タマにゃん」を発見。久しぶりの再会に、「楽しさMAXだモン！ ついつい笑い転げてしまったモン」

「天神・玉名観光物産展」で熊本産品PR

福岡市
2013.5.17

玉名市は第6次産業の振興に取り組んでいます。第6次産業とは、農水産業者が生産だけでなく、食品加工、流通・販売まで積極的にかかわること。農産物のブランド化もその一環です。玉名市のみかんやトマトをぜひ食べてみてください。

玉名のみかんはおいしいモン！

玉名市は新鮮な海産物や温泉もあって魅力的なところ。初夏に咲く約6万6,000本の花しょうぶを愛でる「高瀬裏川花しょうぶまつり」でも有名です。「新幹線も通って、とっても近くなった玉名に来てほしいんだモン♪」

「第３回山鹿うまかもんフェア in 福岡」に応援出張

福岡市役所西側ふれあい広場で、「第３回山鹿うまかもんフェア in 福岡」が開催されました。熊本県北部に位置する山鹿市の特産品や物産品をPRするために、くまモンも応援に駆けつけました。

福岡市
2013.10.22

お友だちは、左から八千代座キャラクターのチヨマツ、鞠智城キャラクターのころう君、福岡市教育委員会キャラクターのスタンバード。「一緒にくまモン体操踊ったモン！」

「天草まるごと うまかもん&旅フェアー in 福岡」で天草のおいしいものと魅力をPR

福岡市役所西側ふれあい広場で、「天草まるごと うまかもん&旅フェアー in 福岡」が9月24日と25日に行われました。初日、くまモンは「全国豊かな海づくり大会」のハッピを着て天草のPRに参加しました。

福岡市
2013.9.24

お友だちの天草海道博キャラクターのキャプテン海道くんと、会場を盛り上げました。

「福岡のみなさん！たくさん集まってくれて、サンくま〜。ボクはもっともっと熊本を知ってもらうために、また福岡にも会いにくるモン」

「人吉球磨の味めぐりin福岡天神」でPR

ふれあい広場北側で行われた「人吉球磨の味めぐりin福岡天神」。人吉球磨の観光物産をPRするために、くまモンもお店紹介にはりきりました。ですが、おいしいものがありすぎて、ついつい試食品のつまみ食いばかりしていたくまモンでした。

おいしいものの
紹介は、まず
試食してからだモン！

福岡市
2013.9.20

目の前で鮎の塩焼き。「球磨川で捕れた鮎やけん、おいしそうだモン。一本食べてよか？」

人吉温泉観光協会のヒットくんと一緒に、くまモン体操でノリノリです♪

くまモンの袋に入った新米「森のくまさん」も登場、ホカホカのおいしいご飯になること間違いなし。

くまモンが大きいのか、米俵が小さいのか、どっちでしょう？

「みんな来てくれて、サンくまー☆」

鏡に映っているのはくまモン？

はかた伝統工芸館で熊本の工芸品を宣伝

福岡市
2013.10.22

福岡市のはかた伝統工芸館で「肥後の焼き物展」が開催され、くまモンも熊本の応援に駆けつけました。たくさんのお皿が並ぶ中、自分の顔を発見したくまモンは大喜び。みなさんに一生懸命アピールしていました。

「五穀豊穣、秋の阿蘇フェア」に参加

福岡市
2013.10.4

福岡市のJR博多シティ アミュプラザ博多9F、10Fの「シティダイニングくうてん」で「五穀豊穣、秋の阿蘇フェア」が開催。くまモンもさっそくお手伝いに向かいました。たくさんのお友だちが集まってくれたから、高原野菜や阿蘇牛をしっかりPR。

「まつり企業祭八幡」を訪問

北九州市
2013.11.3

「まつり企業祭八幡」で熊本県観光PRのために、北九州市八幡にお出かけしました。真ん中の写真は、左から、北九州港のマスコットキャラクターのスナQ、北九州市環境マスコットキャラクターのていたん、くまモン、北九州市人権の約束事運動キャラクターのモモマルくん、若松区キャラクターのわかっぱ、RKB毎日放送キャラクターのももピッ!。くまモンは風船で作った傘が気に入って、ずっと遊んでいました。

「第130回永昌会in飯塚市本町商店街!!」を応援

飯塚市
2013.12.1

飯塚市の本町商店街で第130回飯塚名物「永昌会」が開催されました。八代市の本町商店街がイベントに参加していて、くまモンはそのお手伝い。ステージにいるお友だち（写真中）は左から、宮若市の追い出し猫のさくらちゃん、田川市キャラクターのたがたん、嘉麻市キャラクターのかまししちゃん。

柳川に元気を届けに行きました

「くまもとから元気をプロジェクト！」で、2012年7月に九州北部豪雨で被害を受けた柳川に出張。くまモンは、柳川市キャラクターのこっぽりーくんと待ち合わせて、柳川藩主立花邸 御花を訪れたり、柳川下りを体験し、柳川のみなさんからも元気をもらいました。また、熊本生まれの北原白秋の実家（柳川市沖端）を訪れたり、柳川市三橋町で清正公ゆかりの石碑を訪問し、熊本と柳川のつながりをあらためて認識しました。

柳川市
2012.10.24

柳川は、遠い昔の戦国時代から、無数の堀が縦横に張り巡らされた町です。この堀を船でいく「柳川下り」は観光客に人気です。

どんこ舟での柳川下りでは、身をかがめて橋をくぐります。くまモンは、大の字になって無事に橋をくぐれたのでした。

大の字になって
橋をくぐるモン！

「御花」で、こっぽりーくんと待ち合わせ。

ふーふー。
うなぎ、
おいしそうだモン。

こっぽりーくん。
おひとつどうぞだモン。

御花にある料亭の「松の間」で、くまモン、柳川名物うなぎのセイロ蒸しをごちそうになりました。

九州北部豪雨災害復興の応援

福岡市
2012.9.8

福岡市役所前広場で行われた「九州北部豪雨被害を越えて～寄せ合おう地域の力　取り戻そう九州の宝」（西日本新聞社主催）のイベント応援に行きました。

お友だちがいっぱい！ 左は福岡県八女市のみどりちゃん、右は大分県九重町のミヤちゃん。

佐賀県

SAGA

佐賀県は、遠浅で知られる有明海や佐賀平野で毎年行われるバルーンフェスタが有名です。自然の恵みいっぱいの佐賀に、元気を届けに行きました。

佐賀県立博物館ドール展訪問

佐賀市
2013.8.20

身近な人形を中心に県立博物館で、「ドール展～マイドール！マイヒーロー！～」が開催されました。この日は水俣市「みなまたスウィーツ」のお店も出店です。もちろんくまモンは積極的に食べ…、来館者に水俣をアピールしていました。

ダイヤモンドを身につけたリカちゃんは、まぶしいくらい輝いてます。値段にすると1億円！「ボク、持って帰るモン！」。いや、だめですって、くまモン。

「ボクもヒーローだモン！」

写真左：モフモフした舶来のクマがありましたが、「人気なら負けんモ～ン！」。
写真右：「水俣スイーツよかモン！」

佐賀玉屋の「くまもとフェア」応援

佐賀市
2012.10.8

佐賀玉屋の「玉ちか」で九州屋さんの「くまもとフェア」のPRに出動。お店のスタッフさんたちもモンバイザーをつけてくれて、「サンくまー☆」。

長崎県 NAGASAKI

周囲を海に囲まれた長崎は、異国情緒漂う街。くまモンはお友だちと一緒に、歌って、踊ってみなさんに笑顔を届けました。

「全国ご当地キャラ大集合inハウステンボス」で、ひげダンスを踊ってギネス世界記録®達成！

佐世保市
2013.1.27

ギネス世界記録に挑戦はとっても大変で、3回目でやっと認定されました。くまモンの右隣りは、くすっぴー（福岡県みやま市）、その右がんばくん（長崎県）。くまモンの後ろは、くねんニャン、くねんワン（佐賀県神埼市）。また、くまモンはユトレヒトプラザ内の熊本県コーナーでPRのお手伝いもしました。

※ギネス世界記録はギネスワールドレコーズリミテッドの登録商標です。

「全国ご当地キャラ大集合inハウステンボス」にお呼ばれしました。全国の人気キャラクターがひげダンスを一緒に踊って、「世界最大のマスコットキャラクターダンス」のギネス世界記録を目指す大事な日。新しいお友だちとステージではしゃぎながら、新記録に挑戦しました。

ダンスが得意なくまモンに負けず劣らず、ほかのお友だちもとっても上手。

こっぽりーくん（柳川市）と、くすっぴーにはさまれたくまモン。「こっぽりーとは、柳川に行ったとき、遊んだモン」。

「大野ジョー（福岡県大野城市）くんのリーゼント、すごかモン。石垣だモン」。左ははさせぼのボコちゃん（佐世保市）。

らんばちゃん（長崎県）と遊ぶくまモン。

くまモンの胸には「がんばれ！東北」の缶バッチが。どこにいても忘れないのです。

「くまモン走って帰るけんね」とお姉さん。「よかモン」って、くまモン。でも、おじさんをびっくりさせたから「ごめんなさいだモン」。

「くまもとから元気をプロジェクト！in 長崎県」

長崎県
2014.5.27-29

長崎県は船で渡るとても近いです。2014年初夏、くまモンは「くまもとから元気をプロジェクト！」で、お隣りの県、長崎県を訪れました。

島原市に上陸!

フェリーで
渡るモン！

九商フェリーで対岸の島原市に渡ります。

島原市
2014.5.27

雲仙岳災害記念館「がまだすドーム」で世界ジオパークに認定されている島原半島のお話を聞きました。くまモンの両脇は、島原半島ジオパークのキャラクタージーオくんとジーナちゃん。

諫早市に行ってがんばくんとらんばちゃんにエールを送る

あれ！
空振りだモン！

諫早市
2014.5.27

2014年は「長崎がんばらんば国体大会」が長崎で開催。熊本県も一部会場になるということで、くまモンは長崎国体のキャラクターのがんばくんとらんばちゃんに、エールを送りにいきました！

長崎市の稲佐山展望台に登る

長崎市
2014.5.27

大きく
見えるモン！

長崎市の稲佐山展望台で長崎市街を見渡しました。

佐世保市の早岐茶市（はいきちゃいち）を訪問

佐世保市
2014.5.28

佐世保市の「早岐茶市」の会場に、くまモンは行きました。ステージでは、佐世保市九十九島の非公式ご当地キャラクターのアイドルグループ「さなせなぼな」と一緒に公演。

みかわち焼 窯元嘉泉窯でみかわち焼に挑戦！

佐世保市
2014.5.28

この佐世保市早岐（はいき）は、みかわち焼の原料である、熊本の天草陶石が陸あげされた場所。熊本と縁があるところなのです。くまモンはみかわち焼 窯元嘉泉窯で焼物に挑戦しました。

長崎市に戻って熊本ゆかりの地を巡る

長崎市
2014.5.29

くまモンは、再び長崎市に戻って、熊本ゆかりの地を巡りました。本石灰町では、朱印船貿易で活躍した熊本の武士・荒木宗太郎についてのお話を、オランダ坂では、江戸時代に長崎の街並みを造った熊本・天草出身の大工、小山秀之進・北野織部についてのお話を伺って、とても勉強になったくまモンでした。

大分県
OITA

熊本の隣の県でもある大分県。くまモンは、自然や歴史を楽しんだり、サーキットの車を眺めたり、みんなが元気になるお手伝いをしたりしました。

おはくまー！
大分市
2013.11.16

お食事中のベンツくんにも、うしろからそーっと近づいたけど、やっぱり逃げられてしまって、しょんぼり。

高崎山のベンツくん、おめでとう！

大分市高崎山でボスザルに復帰したベンツくんのお祝いに駆けつけました。おめでとうの気持ちを込めて、ベンツくんの大好物のサツマイモをプレゼントしました。

おサルさんたちに怖がられちゃって、なかなか仲良しになれなかったくまモン。でも、ほかのおサルさんたちに、「きちんとごあいさつしてきたモン！」

ボスくまに
なれるかモン？

「よろしくま☆」

※国立公園高崎山自然動物園のベンツくんは、2013年12月に行方がわからなくなり、2014年1月に高崎山の慣例により、死亡と判断されました。ベンツくんは人間でいえば享年約100歳。おつかれさまでした。

オートレースで阿蘇の応援

日田市上津江町の「オートポリス」で「SUPER 2&4 RACE 2013」が開催。くまモンは会場内で「阿蘇ジオパークフェスタ」の応援です。天候はいまひとつでしたが、みなさんに、阿蘇の雄大なポスターを紹介して積極的にアピールしていました。

日田市
2013.6.1

写真左：くまモンとトヨタのくま吉くん、写真中：お友だちもたくさん来ていました。左から、大分県応援団鳥のめじろん、柳川市のこっぽりー、日田市のたんそうさん。

たんそうさんと一緒に元気をお届け

「くまもとから元気をプロジェクト！」の一つで、九州北部豪雨の被災地、日田に行きました。日田は元気になっています。

日田市
2012.10.23

「人力車は楽だモン！…お兄さん、ボクは重かろ？？」

仲良しの「たんそうさん」と小学校を訪問。「よか天気で、くまモン体操は、いつもより声も動きも大きくなったモン！」

「日田川開き観光祭」PR

「日田川開き観光祭」にくまモンはお出かけ。熊本県から近い日田に、くまモンはよく訪れます。

日田市
2013.5.25

日田のたんそうさんと一緒に「観光PRだモン♪」

宮崎県
MIYAZAKI

温暖な気候が自慢の宮崎、天孫降臨で有名な地でもあります。くまモンは神さまじゃないけど、キャラ神のお友だちにたくさん会えて大喜びでした。

神じゃないけど、「キャラ神さみっとin宮崎」

「キャラ神さみっとinみやざき」に参加してきました。これは古事記編さん1300年を記念したイベントです。写真には全員入っていませんが、島根、奈良、その他県外からもご当地キャラが大集合して、みんな地元のPR。歌って、踊ってがんばりました。

宮崎市
2012.11.11

左から、島根県観光キャラクターのしまねっこ、福知山市みどりの親善大使のゴーヤ先生、唐津城のイメージキャラクターの唐ワンくん、かごしまPRキャラクターのぐりぶー。

たくさんの観客と、たくさんのお友だち。「会いたかった～っていわれるのが、いちばんうれしいモン」

「ひいむうかあ神話」第三話「神武東征」でのひとこま

劇は数話にわたって演じられました。

くまモンだモン！

「せ～の」だモン。

跳ぶモン！

転んだモン。

起き上がったモン。

元気で走るモン。

鹿児島県
KAGOSHIMA

鹿児島といえば、桜島や屋久島が有名です。豊かな自然を守るには、みんなのパワーが必要。くまモンがくまもとから元気を届けに行きました。

鹿児島市
2013.6.13

たくさんの学生さんが集まってくれました。「じゃあ、桜島にくまモン体操を見せてあげるモン。みんな本番始めるモン」

志學館大学訪問

「くまもとから元気をプロジェクト！in鹿児島」の一環として、鹿児島の志學館大学を訪問しました。大学自慢のカフェテリアからオープンテラスに出ると、美しい錦江湾と桜島が目の前。素晴らしい環境でくまモンも大喜びでした。学生さんとくまモン体操も一緒に踊りました。

桜島のおかげで、鹿児島市内に70カ所以上もある銭湯はほとんどが天然温泉。「ボクも温泉のお風呂大好きだモン！」と桜島を眺めるくまモン。

鹿屋体育大学でくまモン体操の運動量を測る!

鹿屋市
2013.6.13

「くまもとから元気をプロジェクト！」で、鹿児島、鹿屋体育大学も訪問しました。簡単そうに見える「くまモン体操」ですが、カロリー消費量を測ってもらうと柔道やラグビーと同じくらいの運動量だそうです。

かもめ幼稚園で くまモン体操

鹿児島市
2013.6.13

「かもめ幼稚園」にお呼ばれしたモン。たくさん集まってくれてサンくま☆　みんな準備はよかね、くまモン体操始めるばい。

天文館むじゃきでくまモン大絶賛!

鹿児島市
2013.6.12

案内してくれたのは、薩摩剣士隼人とつんつん（鹿児島で活躍するローカルヒーロー）。ここの「氷白熊」かき氷が有名ですが、特別に「白熊モン」を作ってもらいました。「黒蜜がうまかモン☆」とくまモンも大絶賛！

沖縄県
OKINAWA

海のきれいな沖縄。明るくて元気な沖縄県民のみなさんは、踊るのが大好きと聞いて、「くまモン体操」も覚えてもらおうと張り切って踊ってきました。

沖縄そば作りに挑戦

糸満市
2012.11.20

ここの館長は熊本出身。「仲良しになったモン」

サン食品さんが「沖縄そば」を広めるために行っている「手作り沖縄そば教室・サンサンキッチン」で、沖縄そば作り。丁寧に教えてもらえて、おいしい沖縄そばができました。

まず、そばの生地を作ります。

先に、切り方を覚えましょう。

丁寧に生地を伸ばします。

細く切ってくださいね。

粉を打ったら、茹でましょう。

*ちゃんと「修了証書」もいただきました。

*くまモンの左隣は一般社団法人日本冷凍めん協会専務理事の那須保信さん。

\ 見つけた! /

ここにもくまモン

空へ!　海へ!　企業コラボもいろいろ

熊本県の魅力を伝えたり、熊本県から元気を届けたりするために、くまモンは企業のいろんな製品やサービスとコラボしています。食品や身近な生活用品から、大型の乗り物まで。くまモンパワーで日本全体が元気になるといいですね。

※このページは2014年5月現在の情報です。

フェリーさんふらわあ　「くまモンと夢見る船旅ルーム」

フェリーさんふらわあ
2013.6.1 ～

写真はイベントで乗船時のくまモン。色とりどりのテープを揺らめかせ優雅な旅立ちにうっとりのくまモン。あれ？　いつのまにかテープにからまってた？

九州と関西を船で結ぶ「フェリーさんふらわあ」に、くまモンのインテリアで統一した客室が登場。カーテンや寝具カバー、ぬいぐるみなどくまモンだらけのお部屋が船旅を楽しく盛り上げます。各船1部屋（2～4名）限定で、予約が必要です。

左上：神戸～大分航路
左下：大阪～別府航路
右下：大阪～鹿児島（志布志）航路

JAL機内食「AIRくまモン」

JAL国際線（一部を除く欧米路線）の「AIRシリーズ」はプレミアムエコノミー、エコノミーでサービスされる本物志向が評判の機内食。その第9弾に熊本の食材やメニューを取り入れた「AIRくまモン」が登場しました。

JAL
2013.6.1～8.31

熊本名物「太平燕（タイピーエン）」（右）は春雨を野菜や魚介などとともにスープで調理した麺料理。

パッケージはもちろんくまモンでいっぱいです。

ソラシドエア「くまモンGO!」

九州・沖縄の翼としておなじみのソラシドエア（スカイネットアジア航空株式会社）が、2012年夏から取り組む機体活用プロジェクト「空恋～空で街と恋をする～」の特別編として、熊本県とコラボ。機体にくまモンをペイントしたジェット機、「くまモンGO！」が登場。※2014年7月現在は別のデザインです。

「熊本に遊びに来んね。ボクも待っとるモン！」とアピール。隣は蒲島郁夫熊本県知事。

機内の背もたれ掛けのシーツ紙にもくまモンが！

ソラシドエア
2013.6.1～

ビー・エム・ダブリュー「くまモンMINI」

BMW
2013.7.12～

MINIのオックスフォード工場が100周年を迎え、くまモンが「長く愛される秘訣を知りたいモン」と見学に訪れたことを記念して製作された限定モデル。全国のMINI正規ディーラーで「くまモンMINI」の試乗も行われました。

ご当地根付けストラップ

くまモンが全国に出張！　各都道府県の名産などを持ったくまモンの出張バージョンです。
どこにいても熊本が大好きな方は、自分の携帯やカバンにつけてみては？

北海道　青森県　岩手県　宮城県　秋田県　山形県　福島県
茨城県　栃木県　群馬県　埼玉県　千葉県　東京都　神奈川県
新潟県　富山県　石川県　福井県　山梨県　長野県　岐阜県
静岡県　愛知県　三重県　滋賀県　京都府　大阪府　兵庫県
奈良県　和歌山県　鳥取県　島根県　岡山県　広島県　山口県
徳島県　香川県　愛媛県　高知県　福岡県　佐賀県　長崎県
熊本県　大分県　宮崎県　鹿児島県　沖縄県

問い合わせ先
ご当地屋.COM
http://www.gotochiya.com

熊本

熊本は全国有数の農業県で、熊本城や阿蘇山など観光地としても人気。そして、なんと言ってもくまモンの出身地です。田植えやサッカースタジアム、さまざまな市町村へ出かけて、元気をお届けしました。

お待ちかね、
バースデーケーキだモン！

Special Report

くまモン誕生祭2014 in 熊本

熊本市
2014.3.12

3月12日のくまモン誕生日に合わせたイベントが、5日間にわたり熊本市の市街地で行われました。商店街アーケードをパレードしたり、イベント施設で新曲のダンスを披露したり、お祝いに集まってくれたみなさんとくまモンがたっぷりふれあった誕生祭ウィークでした。

地元熊本が「くまモン」一色に染まった誕生祭ウィーク

なんと！ オープニングイベントに1億円相当の純金のくまモン・オブジェが登場！

豪華なごほうび？ にびっくりのくまモン。「お誕生日おめでとう！」と蒲島熊本県知事も拍手。

みんなで見られるように誕生祭期間中は市内の宝石店で展示。「え？ボクのだモン！持って帰るモン」

重さ約10kg、本体高さ17cm。東京の田中貴金属ジュエリー（GINZA TANAKA）が制作。

誕生祭記念パレード

陸上自衛隊第8師団第8音楽隊の演奏に合わせ、パレードスタート。

街中をあちこち練り歩くくまモン。

『くまモンのえかきうた』をお披露目

くまモン画伯がお手本を描きました。

作詞者から花束贈呈

「えへへ、照れたんだモン」

そしてダンス、「今日も張り切るモン！」

ガタァに
誕生日カード
もらったモン！

お友だちの佐賀県のガタァから誕生日カードをもらいました。

えかきうたの歌詞は全国公募で、選ばれたのは県内在住の元保育士さん。

鶴屋百貨店へ移動してダンス！

誕生祭ウィーク中はあちこちに出没。
「みんな待たせたモーン！」

リカちゃんもお祝いに駆けつけてくれました

4日めはなんと、くまモンとコラボもしているリカちゃんが会いに来てくれました。

最終日は、センターコートでコスチューム披露や元気いっぱいのエクササイズです！

熊本市
2014.3.16

トマモン。熊本の赤！です。

ソフトバンクホークスのユニフォームです。

くまモンの「チョットだけよ」のようです。

「熊本出身のデザイナー田山淳朗さんが、ボクのためにデザインしてくれたモン」

防災くまモン。避難用リュックとヘルメット。「携帯電話はマストだモン」

ラガーモン。「2019年にはラグビーのワールドカップが日本で開催なんだモン」

最終ステージは次々とサプライズ！

今日で最後の誕生祭ウィーク。全国からお祝いに来てくれたみなさんを前にステージが始まります。

会場前にスタッフと記念撮影「最終ステージがんばるモン！」「エイエイモン！」

「恋するフォーチュンクッキー」でステージ開始！ 写真は新曲のダンスフォーメーション

くまモン体操初音ミクバージョンを披露。

……じゃあボクが
どーぞ！どーぞ！
どーぞ！どーぞ！

お決まりのギャグも！

スモック姿で「くまモンえかきうた」です。

KAGOME

くまモン仕様のバイクも登場！

ホンダとコラボ。モンキー・くまモンバージョン。

みんな、来てくれてありがとうだモン！

くまモンコレクション2014

後半は、お待ちかねのくまモンファッションショー。おめかししたくまモンが、舞台とランウェイをファッションウォーキング。

赤じゅうたんの階段をおすましして降りるくまモン。「少しでもみんなの近くに行きたいモン」

ロアッソのユニフォームで華麗なボールさばき。

自衛隊ファッション。

山鹿灯籠祭に着た、ゆかたファッション。

人気の夏休みが待ち遠しいファッション！

どぼくまファッション。

全国豊かな海づくり大会ファッション。ハッピ姿で登場！

「獅子の毛振り」にも挑戦!

くまモンが歌舞伎に挑戦です。白い鏡獅子の装束で華麗に舞うくまモンは真剣そのもの。ふらつく場面もあったけど、しっかりと腰が入って見事な毛振りでした。

いよっ！ 待ってました！ 日本一。

ぐるんぐるんぐるんぐるんぐるんぐるん。

ちなみに足袋は八千代座に出演したとき、福助さんであつらえたもの。

目が…目がまわる。

日本さかな検定にチャレンジ！

熊本市
2013.6.23

「第33回全国豊かな海づくり大会〜くまもと〜」の協賛行事で「第4回日本さかな検定」が熊本県庁で実施されました。大漁旗をイメージしたハッピと、ねじり鉢巻きでくまモンも検定試験3級に初挑戦！ この日のために猛勉強してきました。

試験会場の入り口に現れたくまモン。「テスト楽勝だモン！」と自信満々。

試験会場はシーンとしていて、あいさつではちょっとキンチョーしたくまモン。でも、みなさんの「会いたかった」の言葉を聞いて、すぐにいつものやんちゃなくまモンに戻ってしまいました。「試験会場だからくまモン体操はお休みだモン！」

「ボクは3級を受験。お魚のことを知りたいけん、毎日ちゃんと勉強しとったモ〜ン」

名前がテスト用紙の欄からはみ出ないように書くくまモン。

くまモン、日本さかな検定3級に合格したモン！

7月29日、くまモンに合格通知が届きました。なんと100満点中90点という素晴らしい成績。
認定証を手にしたくまモンは、「3級に合格したモン!!」とうれしそうでした。

「いつになく心がドキドキするモン。
ちゃんと勉強の成果を見せんと
いかんモン」

「2013くまもと豊かな海づくりフェスタ」で牛深漁港でお仕事

「第33回全国豊かな海づくり大会～くまもと～」の関連行事、「2013くまもと豊かな海づくりフェスタ」の応援に牛深漁港へ駆けつけました。約1年間広報のお手伝いをして、魚について猛勉強したこともいい思い出です。

天草市・牛深
2013.10.27

「牛深港をバックに写真を撮ってほしいモン」

「青い海と空から元気をもらって、パワー全開だモン」

牛深港を颯爽と歩くくまモン。ちょっと海の男っぽくてかっこいい!?

写真左：熊本県立苓洋高等学校 実習船「熊本丸」には、くまモンのイラストがあります。「船酔いせんごとね～」
写真右：イベント会場にはたくさんのお客様が来てくれました。くまモンはしあわせもんです。

いってらっしゃ〜いだモン！気をつけてだモン。この景色をずっと守っていかないとね。「ボクは心に誓うモン」

「第１回世界サンタクロース会議in天草」に出席

クリスマスに縁の深い天草こそ、記念すべき「第１回世界サンタクロース会議」の開催地にふさわしい、とくまモンの生みの親のひとり、小山薫堂さんと日本の公認サンタ・パラダイス山元さんが相談して、この会議は実現しました。

天草市
2013.9.7

天草エアラインに乗って、世界各国からサンタさんがやってきてくれました。

「モンタクロースと申します、よろしくま」

「天草出身の小山薫堂さんがボクを紹介してくれたんだモン！」

世界各国のサンタさんとお友だちになれました。「うれしか〜」

「西部方面隊58周年記念行事」に颯爽と登場

熊本市
2013.10.6

陸上自衛隊 健軍駐屯地で行われた「西部方面隊58周年記念行事」にお邪魔しました。敷地内では隊員のみなさんが食べる携帯食を見たり、制服を着たりイベントが盛りだくさん。メインイベントは戦車との綱引きです。くまモンはリーダーとしてがんばりました。

今日は迷彩服を着て登場のくまモン。指揮棒を持って音楽隊の指揮者のフリ。

自衛隊のキャラクターとご挨拶。左から未来ちゃん（海上）、かけるくん（航空）、まもるくん（陸上）。

みんな制服を着るために予約しています。くまモンみたいに特注サイズは必要なさそうですね。

写真左：ちびっ子もおじいさん、おばあさんもたくさん集まってくれました。「サンくまー☆」
写真右：「迷彩服を着ていても、ボクの動きは軽快ばい。ハリキッテ踊るモ〜ン♪」。

さぁ、ここは本日のメインイベント。戦車とくまモンチーム（100人）の綱引き合戦タイムです。ニコニコしていますが、くまモンの心は熱い闘志がメラメラ燃えています。

「後ろのみなさんは準備はどぎゃん？ みんなの団結力を見せつけてやるんだモン」

くまモンのシールは子どもたちだけの特別景品。「大人のみなさん、ごめんなさいだモン」

「たまな稲（いいね）！ 田んぼアート・プロジェクト」でくまモンも大活躍

新玉名駅で行われた「たまな稲（いいね）田んぼアートプロジェクト」に参加しました。秋になると稲が実って田んぼにくまモンの姿が現れるのです。この田んぼアートデザインは熊本県立北稜高校の生徒さんの考案です。田植え、田んぼアート鑑賞会、稲刈りを紹介しましょう。

田植え編

知事、長靴
貸してくまさーい。

玉名市
2013.6.22

新玉名駅前で挨拶する蒲島郁夫熊本県知事。タマにゃん（玉名市マスコット）、くまモン、ころう君（熊本県鞠智城のキャラクター）もお手伝いです。

北稜高校の生徒さんに引き連れられて、くまモンは田植えです。腕組みされてにやけてます。

ビニール袋で
完全防備。
田植えの準備は
OKだモン！

いたずらっ子はだれでしょう。知事の後ろに隠れていますね。

「くまモンなにしてるの？」「田植えの練習してるんだモン」というわけです。

苗を植えて育つまでは、けっこう時間がかかるんだモン。

実り編

玉名市
2013.9

稲が育ち、田んぼアートのくまモンの絵や文字がはっきりとわかります。

「田んぼアート鑑賞会」で熱気球にトライ編

玉名市
2013.10.5

「田んぼアート鑑賞会」が行われました。くまモンは気球に乗って見られると大喜び。残念なことに天候が悪くて、くまモンの乗った気球の上昇は中止に。

田んぼアートのまわりには、くまモンのかかしが。

稲刈り編

日本はお米の
ふるさとだモン！

玉名市
2013.11.2

いよいよお米の収穫、つまり稲刈りです。くまモンも一緒にお手伝いです。

くまモン、「熊本城マラソン2014」を応援

熊本市役所前からスタートし市内中心部をまわり、熊本城二の丸がフィニッシュ地点となる「熊本城マラソン」は、2014年で第三回目。全国から1万人を超えるランナーが参加し、沿道は県内外から集まった観客で埋め尽くされました。くまモンは、走り出すランナーに手を振って応援しました。

熊本市
2014.2.16

フルマラソンや城下町を走る4kmマラソンなど3コースがあり、スタートするランナーたちにくまモンが熱いエールを送りました。

応援の皆さんに囲まれ、ポーズをとるくまモンと熊本日日新聞のぷれすけ。

その後、アーケード街のコーナーで走り込んでくるランナーたちに声援を送るくまモン。熊本城おもてなし武将隊のみなさんも声援を送ります。

参加したのは、「第20回久木野しし鍋マラソン」

水俣市久木野
2014.2.9

しし鍋食べたいモン。

ちゃんと走ったのはこちらです。

荒尾市の観光キャンペーンキャラバン隊の結団式に参加

荒尾市
2014.1.28

万田坑や有明海で有名な荒尾市の観光名所をもっと知ってもらおうという観光キャンペーンの結団式に、くまモンも参加しました。くまモンの隣は荒尾市のマスコットキャラクターのマジャッキー! です。今日はヘルメット姿です。

五木村で、くまモンがバンジージャンプ！

五木村アウトドアウィークとして、五木村の銀杏橋で実施されたバンジーは、高さ約77メートル！　集まった方々の心配そうな視線を浴びながら、くまモン、がんばりました。元気だけでなく、笑顔と勇気も届けられた気がします。

1

小野副知事（左）も、五木村の木下副村長（右）も、飛びました！

五木村
2012.8.27

2

3

4

「チャレンジせずに不可能なんて決めつけちゃダメだモン。いつも応援してくれるみんなのことを思いながら飛ぶモン！」
感動の一瞬です！

肥薩おれんじ鉄道観光物産展のPR

熊本市
2012.1.5

肥薩おれんじ鉄道と観光物産展のPR。鹿児島県のつるのしん（出水市）と阿っくん（阿久根市）もお手伝い。

車掌さんの帽子をかぶって
ゴキゲンなくまモンです♪

ウエルカム！　ローソン！！

熊本市
2013.9.19

「ローソン熊本オープンセレモニー『よかばい熊本フェア！』に駆けつけたモン」

天草市
2013.4.17

ローソンが天草市に初出店。天草の名物を大々的にPRしました。

宇城市三角
2012.10.7

三角で「A列車で行こう」1周年記念イベント開催

JR九州の観光特急「A列車で行こう」の1周年記念イベントに参加しました。物産館広場では大きな声で観光PR、その後は三角駅までお迎えです。大忙しのくまモンでしたが、みなさんの笑顔に支えられて、最後まで元気いっぱい働きました。

三角港（東港）の物産館広場でくまモン体操。

これがA列車。
ちゃんとお迎えしています。

「駅までお出迎えだモン。あれ、ちご～たモン」。ひとつ前の普通快速列車のひとこま。

土木業界を活性化

熊本の土木を魅力ある業界にしようと、くまモンが活動中。小・中学校の生徒向けの「どぼくま新聞」や熊本県監理課のフェイスブック「どぼくま（くまもとの土木）」でもくまモンがPRしています。

熊本工業高校と熊本農業高校の土木科、農業土木科の生徒さんと測量大会。

熊本市
2013.10.22

肥薩おれんじ鉄道×くまモン

肥薩おれんじ鉄道が、2012年くまモンのラッピング列車を作ってくれました。特別車両のため、一日に数本しか走りませんが、車窓から眺める景色はバツグンです。くまモンのお気に入りは、海岸線がオレンジ色に染まる風景です。

よく探してみると、いろんなところにくまモンがいます。もちろん、いちばん目立つのはシートに座っている姿。横に座って一緒に景色を眺めてくださいね。

ビルにくまモン

熊本城の天守閣から、市街の方向を見ると、向かいのビルにくまモンが！ 熊本信用金庫さん、ステキです。

ビルの穴の中にもくまモン。「ここにもいるモン！」

熊本の夏休みの朝は、「ラジオdeくまモン体操」かモン☆

夏のくまもとサプライズとして、2012年から始まった早朝の「くまモン体操」。熊本の子どもたちに夏休みも元気に過ごしてもらおうと、2012年と13年の8月平日に毎朝、RKKラジオ「奥田圭のさんさんラジオ」内で「くまモン体操」を放送しました。

●2012年の「ラジオdeくまモン体操」

8月の平日に、毎朝放送された「ラジオdeくまモン体操」では、毎週金曜日にくまモンが県内のあちこちに出張して、みんなと一緒に「くまモン体操」を踊りました。写真は、第1回目の8月3日、阿蘇市立乙姫小学校に行ったときの様子です。翌週以降は、五木村立五木東小学校、菊陽町さんさん公園、天草市立本渡北小学校、山鹿市立平小城小学校に出張しました。

阿蘇市 8月3日 出席

阿蘇市立乙姫小学校

●2013年の「ラジオdeくまモン体操」

すっかり熊本の夏の風物詩となった「ラジオdeくまモン体操」。2013年8月も熊本県の朝に元気を届けました。毎週金曜日恒例のくまモンの出張のほか、スペシャルイベントも開催されました（写真の各地のほか、8月16日にはパークドーム熊本にも出張しました）。

天草市 8月2日 出席

天草市立本町小学校。
参加者にモンバイザーをプレゼント。歌や踊りをおさらいして「くまモン体操」本番です。

阿蘇市 8月9日 出席

阿蘇市立古城小学校。
まぶしい朝日の中、「元気いっぱいはじめるかモン！」。2012年夏の豪雨被害に負けず、子どもたちは元気でした。

和水町立三加和中学校。
今週も大はりきりのくまモン。「くまモン体操、ミュージックスタート！ だモン！」

和水町 8月23日 出席

八代市立代陽小学校。
鞠智城のころう君もボクと一緒に毎週参加の皆勤賞。「ころう君、サンくまー☆」

八代市 8月30日 出席

「ラジオdeくまモン体操」のスペシャルイベント

エコパーク水俣で開催されたスペシャルイベントでは、10月に開催した「第33回全国豊かな海づくり大会くまもと」のハッピを着て登場したくまモン。ころう君と一緒に元気にくまモン体操を踊りました。

水俣市 2013.8.25

夏だ！祭りだ！熊本だ！
みんなと一緒に元気を出したモン！

熊本には、大小さまざまな伝統のお祭りがたくさんあります。特に夏はおもしろいお祭りが目白押し。わくわくが大好きなくまモンもいろんなお祭りに参加しました。

山鹿市 2013.8.16

●山鹿灯籠まつり

山鹿市内各所で開催されるお祭りです。くまモンは、山鹿市立山鹿小学校の会場を訪問。浴衣を着て、頭に金灯籠を載せて「よへほ節」に合わせて踊る「少女灯籠踊り」に挑戦したり、「子ども灯籠みこし」に参加しました。「どぎゃん？浴衣姿もいいかモン？」

熊本市川尻 2013.8.29

●「夏だ！夜市だ！川尻わっしょい」の紹介

TKUテレビ熊本「英太郎のかたらんね」の取材で、2日後に開催されるお祭り「川尻わっしょい」の紹介のお手伝い。川尻愛笑会のみなさんによる「ひょっとこ踊り」にくまモンも参加しました。「ひょっとこのみなさん、よろしくまだモン」ちょっとだけお面が怖かったくまモンでした。

長洲町 2013.8.24

●「のしこら祭」

古くから長洲町で開催されてきた夏祭り「のしこら祭」にお邪魔しました。金魚のふれ売りに挑戦したり（写真右）、ころう君と太鼓を披露したり、大活躍。メインイベントの荒々しい「金魚みこし」のタイムトライアルは見学していたくまモンでした。

八代市 2013.11.17

「八代妙見祭
ちびっこ妙見祭」に
がめモン登場だモン！

九州三大祭りの一つ「八代妙見祭」。「ガメ」という亀蛇（きだ）が登場することで有名です。妙見祭の子ども版が「ちびっこ妙見祭」。くまモンはがめモン姿でがんばりました。

燃えるロアッソ熊本観戦！

熊本市東区の「うまかな・よかなスタジアム」は、プロのJリーグ、ロアッソ熊本の本拠地です。くまモンも「応援するモン！」とたびたびスタジアム入り！

特大サイズのユニフォームで、気合いはバッチリ。くまモンも声援に力が入りました（ジェフユナイテッド千葉戦）。

ロアッソ熊本のマスコットキャラクター、ロアッソくんと一緒に始球式。「あれ、おかしかね～、ボールが思ったよりも飛ばんモン」（ファジアーノ岡山戦）

ご家族でご来場の方やサポーターのみなさまに、熊本県花き協会から花束のプレゼント。来場記念として、たくさんの方々が持ち帰ってくれました。また、スタジアムの中はグッズ売り場や、くまモンのパンで大賑わいでした（京都サンガF.C.戦）。

SMILE 新春ハイタッチ☆で仕事はじめ

熊本市
2014.1.6

2014年の熊本県庁仕事初めの朝、登庁する県職員とくまモンたちがハイタッチ。笑顔で熊本を元気にというコンセプトのこのイベントは、熊本県職員有志の自主活動グループ「くまもとSMILEネット」が企画。ロアッソくんも参加しました。

熊本に行ったら、押さえておきたいスポット

●くまモンスクエア

くまモンスクエアは、全国を飛び回っているくまモンの活動拠点。くまモンの情報発信やオリジナルグッズ販売はもちろんのこと、熊本の観光・物産情報も発信しています。
部長室にはくまモンが在籍していることも。
詳しくはホームページにて。

URL http://www.kumamon-sq.jp/
〒860-0808
熊本市中央区手取本町８番２号
テトリアくまもとビル１階
営業時間　10：00～19：00

海外

くまモンは2013年に、フランスをはじめドイツ、イギリス、アメリカ合衆国を訪れて熊本や日本をPRしました。もちろん、中国や台湾、香港、韓国、シンガポールといったアジアの国・地域も訪問して、大人気を博しています。

フランス・「ジャパンエキスポ」に参加してきたモン

FRANCE

ファッションや食の都フランス。2013年7月4日から4日間、パリで「ジャパンエキスポ」が開催されるということで、熊本代表、いや、日本代表としてくまモンも参戦してきました。

モンジュール！
Japan Expo

パリ
2013.7.4

たくさんのお客様が来てくれて大感激のくまモン。「パリのみなさんに、ちゃんと挨拶できたモン！」

KUMAMON-TAISO, トレ ビア〜ン！

アンシャンテ！
（はじめまして）
CULTURELLE

ステージでくまモン体操が始まります。まずは礼から。

ビヤンビヤンビヤン
（おいで、おいで、おいで）。

いつもの「おいで、おいで、おいで」の説明です。

ラ・ポーズ・ドュヌ・マルシュ
（行進のポーズ）。

最初のほうの行進のポーズです。元気よく腕と足を振ります。

ユヌ・マン・ドロワット・エ・タン・ノブリル
（右手はおへそ）。

いわゆる「どすこい」のポーズです。お相撲さんみたいです。

イナイ・イナイ・バー
（いないいないばー）。

「いないいないばー」は、なんて言うのでしょうか。

セ・テ・ボン
（よかった〜）。

パリにいても熊本のことが大好きっというポーズ。

モンジュール！

会場では、モンバイザーをかぶったたくさんのお客様が、くまモンを迎えてくださいました。

ちょっと腕の動かし方が違うかもしれません。
でも、みんなノリノリ。

メルシー・ボクー！
（サンくまー）

パリでも小さなお友だちが大好きなくまモン。

「みんな足長いモン。スタイルいいモン。
ボクはちょっとメタボ」って。

ヌ・ム・キット・パ
（くまモン、
行かないで）
ハグ・ハグ・ハグ

熊本県ブースで 熊本のよかところを宣伝!

熊本城の絵をバックに、全国豊かな海づくり大会のハッピ姿でポーズ！

お兄さん、お兄さん、ボクより目立っちゃダメだモン！

GERMANY

ドイツ

ドイツは、歴史ある国。シュタイフ社のテディベアは世界的に有名ですね。そこのミュージアムに「テディベア　くまモン」が永久展示されています。熊本市と友好姉妹都市のハイデルベルク市も訪問しました。

「グーモンターク（グーテンターク／こんにちは）！ボクはドイツ語もしゃべれるモン」

ハイデルベルク
2013.7.8

ハイデルベルク市は、落ち着いた色合いの家々、まるで絵本の中にいるかのようでした。

ENGLAND

イギリス

児童文学で有名な「パディントンベア」がいるイギリス。初対面だけど、とっても仲良くなりました。いつか熊本にも遊びに来てほしいですね。ロンドンももちろん訪問しました。

ロンドン
2013.7.11

くまモンが指差しているのは、「ウェストミンスター宮殿」です。「いずれボクのものになるモン！」って、違う、違う、イギリスの世界遺産でしょ!

オックスフォード
2013.7.11
OX4 6NL

訪問先のMINIオックスフォード工場で「くまモンMINI」を作ってもらい大感激。「ボクのMINIだモン♪」と大喜びのくまモンだけど…免許は？

USA

アメリカ合衆国

アメリカは、大自然もビジネスもスケールが大きな国！見るもの、聞くものが雄大で、感動しながら、講演のお手伝いや熊本のPRにがんばりました。蒲島郁夫熊本県知事の母校も訪れました。

ボストン訪問

ボストンでは、蒲島郁夫熊本県知事の母校ハーバード大学で、「くまモンの政治経済学」に出演、野球チームの訪問、そして小学校を訪れるなど、アメリカ滞在中も一生懸命に熊本のPRと元気を届けてきました。

ボストン
2013.11.12

歴史的建造物の街並みを楽しんだり、アメリカでいちばん古い公園に行ったり、ボストンを満喫したくまモンでした。

名門ハーバード大学で「くまモン体操」を踊れる喜びで、くまモンはいつも以上にハイテンション♪

ニューヨーク訪問

ボストンに引き続いて、ニューヨークを訪問。また、在ニューヨーク日本国総領事館総領事公邸にて、「九州PRメディアイベント」に蒲島熊本県知事と参加しました。

ニューヨーク
2013.11.14

タイムズスクエアやブルックリン橋……。ニューヨークもいいところはたくさんあるけど、「みなさんにも熊本に来て、熊本のいいところば、いっぱい実感してほしかモン！」とニューヨークで気合いを入れるくまモンでした。

CHINA

中国・上海

上海は昔から国際都市として有名です。ビジネスの窓口を設置する会社も多く、日本企業のほかに、各自治体の事務所も設置されています。くまモンも九州や熊本をPRするために日本から元気を届けに行きました。

上海 2012.1.10-12

写真上：熊本上海事務所オープンを祝うため、蒲島県知事に同行したくまモン。「上海に着いたモ～ン」と大喜びのポーズ。
写真右：初めて見る中国の建物にびっくりするくまモン。

「はじめましてだモン☆」と、復旦（ふったん）大学で蒲島県知事と一緒に講義。くまモンは中国語をしゃべれないので、通訳の人がお手伝いをしてくれました。

ボクのたすき姿に惚れたらいかんばい。

上海 2013.6.1

上海の伊勢丹で行われた日本食品展示にくまモンが登場！

上海市・上海世貿商城（上海マート）にて「活力日本展（元気な日本）」開催。

上海 2012.2.24-26

匂いに誘われて歩いていたら、くまモンが好物を発見。「カニ！ 食べたいモン♪」

「F1中国グランプリ2012」でくまモンがPR。

上海 2012.4.15

ステージにも登場。

TAIWAN

台湾

台湾は熊本から近いです。たったの2時間の飛行機の旅。くまモンの認知度も高まり、熊本を知ってもらう機会が増えました。今度はみなさんがくまモンに会いに来てくださいね〜。

総統府の前に立つくまモン。「台湾と日本を結ぶ絆とも言われる重要文化財だモン」

台北
2013.8.12

台湾のデパートで熊本の物産PRに駆けつけました。くまモンはくまモン体操やたくさんのお友だちと一緒に写真撮影で大忙しの一日。

台北
2013.9.16

「熊本フェア」が台湾・台北のシティスーパー復興店（写真下、右上）、新竹店（写真右中）、天母店の3店舗にて開催されました。くまモンの行くところには、たくさんのお客様がいっぱい。くまモン体操やクイズでステージの熱は最高潮！

台湾の夜市のおまんじゅうを見ていたら一個もらったくまモン。

台北
2013.10.13

そごう台湾で「日本商品展」が行われ、くまモンも応援に！

APCS（アジア太平洋都市サミット）に熊本県知事と参加しました。くまモンはスペシャルゲストとして登場。

高雄
2013.9.10

台南の名所チーカンロウをバックにパチリ☆

台南
2013.11.23

CHINA

香港

2014AW ATSURO TAYAMA COLLECTIONに参加しました。デザイナーの田山淳朗（たやまあつろう）さんが熊本県出身ということで、くまモンをモデルに衣装を作ってくれました。ランウェイを堂々と歩くくまモンは熊本の星！ とってもかっこよかったです。

ボクの新しい衣装はどぎゃん？

「いつか有名ファッション誌にも呼ばれるかモン☆」

本番が始まる前に、かっこいいボクの姿に注目するモン。

KOREA

韓国

熊本県・忠清南道姉妹提携30周年記念行事に熊本県知事と一緒に訪問。サッカー観戦やレセプション、記念植樹を行うなど、いつにも増して忙しいくまモンでした。行く先々で大歓迎を受け、元気いーっぱい熊本をPRしました。

記念レセプションでは、くまモン体操を披露しました♪

「どんどん大きくなるんだモン」と、記念行事の記念植樹に精を出すくまモン。

親善サッカー大会のスタンバイ中、あれ？一回り大きくなったような……。つまみ食いしすぎ？

SINGAPORE

シンガポール

伊勢丹シンガポールスコッツ店で「熊本フェア」が行われ、くまモンは蒲島知事と駆けつけました。熊本のブースでは、お米のとぎ方や試食を配ったり、集まってくれたお客様においしいと好評でした。新しいお友だちにも出会えて、いつもよりテンションMAX！

「今からおにぎりの試食をお配りするかモン」と、熊本のおいしい農産物を一生懸命にアピールするくまモン。

おわりに

『くまモンの出張Fan Book』を読んでいただきありがとうございました。
この本は、熊本県庁のほか、多くの地方公共団体、ご当地キャラクター、企業、団体、マスコミ関係者、くまモンファンのみなさんのご協力で完成しました。
「日本各地、世界各地のくまモンの活動を、各地のみなさんが撮った写真で本にするなんて、本当にそんなことができるのだろうか？」という無謀な試みでしたが、「くまモン」の魅力でたくさんの方のご協力が得られ、まとめることができました。
ご協力いただいたすべての皆様に、心から感謝を申し上げます。
ありがとうございました。

くまモンは、これからも熊本県のみなさんを元気にし、日本中、世界中のみなさんに熊本の魅力を伝え、元気を発信していきます。
熊本にはくまモンだけじゃなくて、うまかモンもたくさんあります。
そして、雄大な阿蘇山、数多くの温泉、美しい海を望む天草など、素晴らしい自然がたっぷりです。天下の名城、熊本城も一見の価値ありです。「まだ、熊本に行ったことがないなあ」という人はぜひ遊びに来てください。
そして、今よりもっと、くまモンと熊本県を好きになって、応援してくれたらうれしいです。

2014年夏　『くまモンの出張Fan Book』編集部

くまモンをもっと応援

熊本県のふるさと納税（寄付）では「くまモン応援分」という活用先指定ができます。「100年後も愛されるくまモン」を目指して活動するくまモンに、ご協力をお願いいたします。

詳しくは
熊本県庁「ふるさと納税」
www.pref.kumamoto.jp/site/furusatonouzei/kumamon.html

熊本県では、化学合成された肥料や農薬をできるだけ使わず、安全で安心な農産物をつくる「くまもとグリーン農業」を推進しています。
くまもとグリーン農業で生産された農産物には「麦ワラ帽子のくまモンと四葉のクローバー」のマークがついています。この取り組みを広めるために、企業や消費者の方に、応援宣言のご協力をお願いしています。インターネット上からも簡単に宣言でき、宣言した方には、くまモンのマークが入った応援宣言書（写真）が交付されます。

詳しくは
熊本県　農業技術課
http://kumamoto-green.com/

ボクとボクのふるさと熊本県の応援を、
これからもどうぞよろしくま〜！

写真提供ならびにご協力いただいたみなさま

※順不同、敬称略

熊本県

旭川市、オホーツク総合振興局、大空町、えんがる町観光協会、美幌観光物産協会、東藻琴芝桜公園、酪農学園大学、酪農学園同窓会連合会、北海道情報大学、ウエスタンパワーズ店、(株) 道北アークス、(株) BeggarSwindle、さっぽろ雪まつり実行委員会 ((一社) 札幌観光協会)、(一財) さっぽろ健康スポーツ財団 (つどーむ)、スーパーアークス戸倉店、ハコダテ150＋運営委員会、北海道立オホーツク流氷公園、緑と観光のジョイグループ

青森県、青森市、弘前市、今別町、新町町内会・阿部良逸、青い森鉄道 (株)、あおもり産品販売促進協議会、青森市文化観光交流施設「ねぶたの家ワ・ラッセ」、(公社) 青森観光コンベンション協会、(公社) 青森県観光連盟、あおもりナマコブランド化協議会、竹浪比呂央ねぶた研究所、岩手県、NPO法人三陸経済新聞編集委員会、マーケットプレイス・マイヤ大船渡インター店、秋田県、北秋田市阿仁熊牧場 (くまくま園)、マタギの里観光開発 (株)、秋田内陸縦貫鉄道 (株)、ニャッパゲ事務局、日本バター餅協会事務局、エリアなかいち、秋田まちづくり (株)、ネイガープロジェクト、男鹿真山伝承館、なまはげ館、(株) おが地域振興公社、工藤愛美、小野、ザ・ビコーズのKen、山形県、山形市、寒河江市、新庄市、朝日町、東北芸術工科大学、小山薫堂 (エヌ三十五 (有)、(株) オレンジ・アンド・パートナーズ)、軽部政治 ((株) オレンジ・アンド・パートナーズ)、ショッピングセンター・エスモール、(株) 庄交コーポレーション、蔵王温泉観光協会、宮城県、東松島市、南三陸町、仙台・宮城観光キャンペーン推進協議会、南三陸復興ダコの会、あさひ幼稚園、入谷Yes工房、南三陸さんさん商店街、高橋修、合同会社シンプルテキスト (仙台経済新聞社)、航空自衛隊松島基地／第4航空団第11飛行隊 (ブルーインパルス)、(株) ロフト (仙台ロフト)、福島県、福島市、郡山市、二本松市、須賀川市、田村市、郡山カルチャーパーク遊園地、(公財) 郡山市観光交流振興公社、福島県道路公社、(株) 福島中央テレビ、ビッグパレットふくしま (産業交流館)、(公財) 福島県産業振興センター、あかつ、ぺんぎんナッツ ((株) よしもとクリエイティブエージェンシー)、(有) ワカサ観光物産、(一社) 福島市観光コンベンション協会

栃木県、佐野市、栃木県グリーンスタジアム、(株) 東武宇都宮百貨店、群馬県、(株) 草津温泉フットボールクラブ (ザスパクサツ群馬)、正田醤油スタジアム群馬、茨城県、(株) 水戸京成百貨店、くろばね商店会、木更津市、しょいか～ご千葉店・習志野店、JA熊本果実連東京事務所、(株) 正和物産、熊本県東京事務所、杉本敬三シェフ、山崎智里 (親子)、福岡くまモン会　岩田美和、そがみまこ (NPO法人日本国際童謡館かながわ)、日本赤十字社熊本市地区本部、熊本市共同募金委員会、銀座熊本館、東京ビル TOKIAガリレア、ライティング・オブジェ制作委員会 (仁木洋子)、朝倉摂 (故人)、石井竜也、(公財) 日本デザイン振興会、学士会館、認定NPO法人江戸城天守を再建する会、(株) 東京ドーム、(株) アスリートジャパン、(株) ライズコミュニケーション、ふるさと祭り東京実行委員会、EXILE USA、中野ブロードウェイ商店街振興組合、練馬区地球温暖化対策地域協議会、(公財) 練馬区環境まちづくり公社　地球温暖化対策室ねり☆エコ事務局、ロハスフェス

タ東京運営事務局、茨城マルシェ、伊勢丹新宿店、（株）三越伊勢丹ホールディングス、（株）九州屋東武百貨店池袋本店、書泉グランデ、シュタイフ青山、（株）MS1880（シュタイフ日本総代理店）、警視庁、スザンヌ（ケイダッシュステージ）、ライフコーポレーション相模大野駅前店、（株）ライフコーポレーション、Olympic港北ニュータウン店、（株）Olympic、よこはまコスモワールド、泉陽興業（株）、横浜ベイホテル東急、箱根小涌園ユネッサン、川崎アゼリア（株）、羽生市、志木市商工会、志木市民まつり実行委員会、ゆるキャラⓇグランプリ実行委員会、日本コープ共済生活協同組合連合会、そごう大宮店、（株）そごう・西武

新潟県、新潟市、（株）タカヨシ、新潟応援団「笹だんごの会」、長野県、山梨県、市川三郷町、静岡県、浜松市、三島市、富士宮市、（株）静岡朝日テレビ、富山県、小矢部市、（株）カターレ富山、（公社）日本臓器移植ネットワーク、Lady Kaga（加賀温泉郷）、合同会社加賀温泉、香林坊アトリオ、金沢都市開発（株）、鯖江市、敦賀市、さばにゃん本舗、めがねミュージアム、（社）福井県眼鏡協会、岐阜県、岐南町、関市、飛騨高山旅館ホテル協同組合、飛騨高山公認　お猿のくぅ応援事業部、岐阜おもてなし武将隊 信義徹誠、（有）アップライト、（株）ディーゼルコーポレーション、せき・まちづくりNPOぶぅめらん、山都印刷（株）、Music＆Artsシャルテ、マルヘイ（株）、豊橋市、豊川市、稲沢市、愛西市、小牧市、小牧商工会議所、瀬戸市、瀬戸市まるっとミュージアム・観光協会

熊本県大阪事務所、プロムナード青山フェスタ手作り市、（株）ウイルステージ、（社）日本ご当地キャラクター協会（ご当地キャラ情報局）、彦根商業開発協同組合、彦根らぼらとりぃ社、京都府、福知山市、舞鶴市、亀岡商工会議所、与謝野町観光協会、福知山環境会議、伊根町観光協会、真宗大谷派宗務所（東本願寺）、京丹後市観光協会、京都TSUBASU祭り実行委員会、長岡京ガラシャ祭実行委員会事務局、京都タワー（株）、丹後あじわいの郷ゆーらぴあ、道の駅スプリングひよし、グランドプリンスホテル京都、門真市、大阪市阿倍野区、箕面市、泉佐野市、太子町、箕面商工会議所、シカトキノコ、TMJ/玉造街おこし実行委員会、（一社）食博覧会協会、（一社）大阪外食産業協会、インテックス大阪、交野市星のまち観光協会、（公財）堺市公園協会、堺市都市緑化センター、（一社）OSAKAあかるクラブ、高橋尚子（（株）ARS）、（一財）大阪陸上競技協会、関西テレビ放送（株）、（株）産業経済新聞社、大阪放送（株）（ラジオ大阪）、イトーヨーカドー津久野店、（株）イトーヨーカ堂、樟葉宮表参道商店会&みっけ街づくりの会、新世界串かつ振興会、（有）ウェブ・ファクトリー（あべの経済新聞）、石切参道商店街振興組合、松竹芸能（株）、現代企画（株）、梅花女子大学チアリーディング部、せんちゅうパル専門店会事務局、奈良県、橿原市、奈良マラソン実行委員会事務局、豊岡市、丹波市、篠山市、三田市、兵庫県立松陽高等学校、NPO法人高砂物産協会、城崎泉隊オンセンジャー実行委員会、城崎温泉但馬屋、本州四国連絡高速道路（株）、町おこし市民グループ「さしすせその会」、マツゲン和歌山インター店・岩出中黒店、（株）松源、松阪市、四日市市、（株）近鉄百貨店四日市店、いが☆グリオ実行委員会

広島県、（公社）東広島市観光協会、熊野町、（株）FM 東広島、（株）中国新聞企画サービス、マツダスタジアム、（株）広島東洋カープ、2012年度と2013年度のひろしまフラワーフェスティバルフラワークイーン、そごう広島店、サニーOS玖波店、おおたけ（株）、岡山県、岡山県立美術館、美作国建国1300年記念事業実行委員会、鳥取県、鳥取砂丘　砂の美術館、（株）SC鳥取、（公社）島根県観光連盟、山口県、山口市、宇部市、（公財）下関海洋科学アカデミー、湯田温泉旅館協同組合、山口宇部経済新聞、山口商工会議所、丸亀市、高松天満屋、徳島県、徳島ヴォルティス（株）、愛媛県、八幡浜市、東温市、新居浜市、砥部町、西予市観光協会、伊予市、（株）伊予鉄高島屋、第一印刷（株）、高知県、こう

ち旅広場、(公財) 高知県観光コンベンション協会

福岡県、福岡市、北九州市、北九州市若松区、門司区、八女市、嘉麻市、田川市、柳川市、宮若市、みやま市、熊本県福岡事務所、(株) KADOKAWA、福岡市教育委員会、大野城市教育委員会、はかた伝統工芸館、JR 博多シティ (株)、アミュプラザ博多、RKB 毎日放送 (株)、九州旅客鉄道 (株) (JR九州)、福岡ヤフオク!ドーム、福岡ソフトバンクホークス (株)、アクロス福岡、ホテルニューオータニ博多、飯塚市本町商店街連合会、(株) 御花、柳川観光開発 (株)、神埼市、佐賀県立博物館、(株) 円谷プロダクション、(株) 佐賀玉屋、長崎県、長崎市、佐世保市、島原市、諫早市、長崎がんばらんば国体・長崎がんばらんば大会実行委員会、(公財) 佐世保観光コンベンション協会、早岐商工振興会、九商フェリー (株)、島原半島ジオパーク協議会事務局、(一財) 島原観光連盟、雲仙岳災害記念館、三川内焼美術館、三川内陶磁器工業協同組合、みかわち焼 窯元嘉泉窯、大分県、大分市、九重町観光協会、国立公園高崎山自然動物園、ハウステンボス (株)、ギネスワールドレコーズジャパン、(一社) 日田市観光協会、(株) オートポリスとサーキットクィーン、(株) トヨタモーターセールス&マーケティング、宮崎県、(公社) 宮崎市観光協会、(一社) 高千穂町観光協会、(一社) 日南市観光協会、2013日南サンフレッシュレディ岩下真里奈、第31代 宮崎サンシャインレディ長友祐希美、NPO法人唐津市子育て支援情報センター、鹿児島県、出水市、阿久根市、阿久根商工会議所、(公財) 鹿児島観光コンベンション協会、第8代かごしま親善大使安田美里奈、鹿屋体育大学、志學館大学、(株) 天文館むじゃき、(株) ボッケモンプロ、(株) サン食品、手作り沖縄そば教室・サンサンキッチン、那須保信 ((一社) 日本冷凍めん協会)

熊本市、阿蘇市、荒尾市、荒尾市観光キャンペーンキャラバン隊、八代市、宇土市、玉名市、上天草市、長洲町、氷川町、五木村、西原村、山鹿市教育委員会、(一社) 日本さかな検定協会、(株) アスリートクラブ熊本 (ロアッソ熊本)、熊本県立苓洋高等学校、陸上自衛隊西部方面総監部、陸上自衛隊第8師団第8音楽隊、自衛隊熊本地方協力本部、熊本学園大学付属高等学校、熊本県立北稜高等学校、熊本日日新聞社、肥薩おれんじ鉄道 (株)、(株) ローソン、熊本県立熊本工業高等学校、熊本県立熊本農業高等学校、熊本信用金庫、(株) 熊本放送 (RKKラジオ)、阿蘇市立阿蘇小学校 (旧:乙姫小学校)、阿蘇市立古城小学校、天草市立本町小学校、和水町立三加和中学校、八代市立代陽小学校、山鹿市立山鹿小学校、(株) テレビ熊本 (TKU)、エコパーク水俣、TANAKAホールディングス (株)、本田技研工業 (株)、(株) タカラトミー、(株) 鶴屋百貨店、エアロビッククラブ Team OHMURA、HOPE、田山淳朗 (クロスプラス (株))、有明ガタァ組合、福助 (株)、くまモンスクエア、熊本・秀岳館高等学校 (雅太鼓)、九州食農連携 (株)、瑞鷹 (株)、五木食品 (株)、(株) 高木海藻店、(株) フタバ、O-ETSU食品工業 (株)、八代よかとこ宣伝隊白石壮一、高橋酒造 (株)、杖立温泉観光協会、つなぎ町物産館 グリーンゲイト、八千代座、(一社) 天草宝島観光協会、パラダイス山元 (グリーンランド国際サンタクロース協会公認サンタクロース)、(一社) 人吉温泉観光協会、熊本城おもてなし武将隊事務局、熊本城マラソン実行委員会事務局

(株) フェリーさんふらわあ、ビー・エム・ダブリュー (株)、日本航空 (株)、スカイネットアジア航空 (株) (ソラシドエア)、日本観光商事 (株)

藤村和代、堤泰人、長崎@諫早市民ふくちゃん、こっこ、青木拓・千瑞子、上重瞳、kaikei、にゃんぽこ、ユウジ、王 幸、安藤美香 (マイナビ)、伊佐知子 (マイナビ)

協力していただいたくまモンのお友だち

※敬称、肩書略、掲載順

レルヒさん、坂本龍馬くん、いしきりん、さくやちゃん、滝ノ道ゆずる、バリィさん、つくつくオホーツクん、リーモ、川三、ひかりん、そらっきー、ぎゅうたろう、ノンキーくん、えべチュン、あさっぴー、アックマ&コアックマ、あらまくん、たずなちゃん、モーリー、ナマポン、いくべぇ、あぷたん、たか丸くん、決め手くん、森吉のじゅうべぇ、ないりっくん、ニャジロウ、バタもっち、超神ネイガー、与次郎、じゅっきーくん、むひょこちゃん、チェリン、はながたベニちゃん、きてけろくん、桃色ウサヒ、かむてん、オクトパス君、むすび丸、イートくん、ももりん、ボータン、菊松くん、シャクリン、カブトン&カブリン、メロン熊、がくとくん、おんぷちゃん、キビタン、とちまるくん、湯友くん、ぐんまちゃん、きさポン、熊本城おもてなし武将隊、ロハッチ、ねりねこ☆彡、ハッスル黄門、うずめちゃん、ピーポくん、コスモくん、ボザッピィ、さのまる、ムジナもん、いがまんちゃん、出世大名家康くん、コーすけ、カッピー、アルクマ、市川三郷レンジャー、カルチャくん、ふじっぴー、みしまるこちゃん、トヨッキーくん、狐娘ちゃん、きときと君、ロアッソくん、ライカくん、ハーティちゃん、メガメガくん、ウルウルちゃん、ちかもんくん、さばにゃん、お猿のくぅ、ねぎっちょ、ミナモ、やなな、ひだっち、ちっちゃいおっさん、じーも、タボくん、いなッピー、ぶぅ、メルギューくん&メルモモちゃん、蓮ちゃん、あかほんくん、あいさいさん、ゆずりん、えべっちゃん、ササダンゴン、岐阜武将隊 信義徹誠、こまちん、ビバッチェくん、ゆっぴ～、いが☆グリオ、わたる、ツヌガ君、Pマン、ぴーにゃっつ、星のあまん、ガラスケ、ぐりぶー、みやざき犬、ドッコちゃん、ゆうさいくん、まめっこまいちゃん、ふなやん、まゆまろ、コッペちゃん、お玉ちゃん、ちーたん、まるいの、明智かめまるくん、たわわちゃん、土佐おもてなし勤王党、しまねっこ、せとちゃん、みっけ、とらとうちゃん、たいしくん、あべのん、かたみくん、やちにゃん、ちょるる、フッピー、せんとくん、ポピアン、くしたん、きよくまくん、こだいちゃん、さららちゃん、すだちくん、とり奉行 骨付じゅうじゅう、イヌナキン、城崎泉隊オンセンジャー、ぼっくりん、玄武岩の玄さん、こにゅうどうくん、うっち～ちゃん、のん太くん、ブンカッキー、ふでりん、うらっち、ももっち、強小戦士ガイナマン、トリピー、ペン太、ロベルト、湯田ゆう子、ぶちまろ、ヴォルタくん、ティスちゃん、ボールくん、チョーコクン、みきゃん、いのとん、せい坊、とべっち、はまぽん、新居浜まちゅり、上天草四郎くん、ちゃちゃも、にゃんよ、ミカンまる、くろしおくん、ころう君、あそくろえもん、ハニーホーク、タッキー、かさべこくん、たんそうさん、大野ジョー、タマにゃん、チヨマツ、スタンバード、キャプテン海道くん、ヒットくん、スナQ、ていたん、モモマルくん、わかっぱ、ももピッ!、追い出し猫のさくらちゃん、たがたん、かまししちゃん、こっぽりー、みどりちゃん、ミヤちゃん、くすっぴー、がんばくん、くねんニャン、くねんワン、させぼのボコちゃん、らんばちゃん、ジーオくん、ジーナちゃん、トヨタのくま吉くん、めじろん、ゴーヤ先生、唐ワンくん、薩摩剣士隼人、つんつん、しろくまくん、ガタァ、リカちゃん、未来ちゃん、かけるくん、まもるくん、ぷれすけ、マジャッキー!、つるのしん、阿っくん、うとん行長しゃん、ひごまる

Staff

企画・編集
山本雅之、庄司美穂、脇洋子（マイナビ）

編集・制作・掲載許可関連
有限会社クレア　藤原寿子、寄特由佳、吉野松美、ゆくたけりか、萩原さとか
星野りかこ

撮影
山本雅之（マイナビ）、藤原善幸、中津弘起、藤原寿子、鈴木綾子、ゆくたけりか、
ジャン・シャルル・須々木（パリ／ジャパンエキスポ関連写真）

校正
柳元順子

デザイン
吉村朋子

※写真は熊本県の協力・許可のもと、くまモンブログ、公式Twitter、公式Facebookなどからも二次使用しています。

くまモンの出張Fan Book

2014年9月28日　初版第1刷発行

著者　くまモンの出張Fan Book編集部

発行者　中川信行
発行所　株式会社マイナビ
〒100-0003 東京都千代田区一ツ橋1-1-1 パレスサイドビル
TEL：048-485-2383（注文専用ダイヤル）
03-6267-4477（販売）
03-6267-4445（編集）
E-Mail：pc-books@mynavi.jp
URL：http://book.mynavi.jp

印刷・製本　図書印刷株式会社

ISBN978-4-8399-4977-8　C2077　Printed in Japan